FATAL, GRACIAS

Historias de una vida tan desastrosa como la tuya

FATAL, GRACIAS

Historias de una vida tan desastrosa como la tuya

PAULA PÚA

PLAZA JANÉS

Papel certificado por el Forest Stewardship Council®

Primera edición: mayo de 2024

© 2024, Paula Cantó Montal
© 2024, Penguin Random House Grupo Editorial, S. A. U.
Travessera de Gràcia, 47-49. 08021 Barcelona

Printed in Spain – Impreso en España

ISBN: 978-84-01-03459-6
Depósito legal: B-5.961-2024

Compuesto en M. I. Maquetación, S. L.

Impreso en en Rotativas de Estella, S. L.
Villatuerta (Navarra)

L034596

A mi padre, por enseñarme
que se puede tener humor hasta el final.
Espero que siga descojonándose allá donde esté.

A mi madre, por todo.

A Iñaki, por aguantarme.

DE CUANDO ACTUÉ EN UN TANATORIO

El taxi que me lleva a hacer el monólogo se detiene delante del tanatorio.

—Bueno, pues ya estamos —dice el conductor.

—¿Qué?

Tiene que haber un error. Espero que haya un error.

—Sí, ¿necesitas factura o algo? —me pregunta, ajeno a que me está destrozando la vida parándose aquí.

De golpe recuerdo las fatídicas decisiones que me han llevado a este momento. Hace un par de días me contactó un tal @pedrogetafe67 por Instagram. El tal Pedro decía ser «muy fan de la comedia» y aseguraba verme por la tele mientras desayunaba, que mi programa le gustaba más que el de Ana Rosa, que además «ahora Ana Rosa lleva el pelo muy raro y parece un periquito». El programa al que se refería Pedro es *Enganchados* y consiste en tres horas de vídeos sacados de internet, en su mayoría de gatos cayéndose o de británicos encendiendo un mechero después de tirarse un pedo. «Mi favorito es el perro que hace skate», incidía Pedro en el mensaje. Desde hace un tiempo me llaman para participar una vez al mes, con suerte. Una participación que exprimo al máximo para sacarme cuatrocientas fotos, subirlas a mis redes sociales y fingir que he tenido trabajo todas las semanas. Triste, lo sé. Pero con el tal Pedro ha funcionado.

El caso es que el tal Pedro quería contratarme para hacer «uno de tus monólogos» en un evento privado. «Una reunión de amigos», lo definió. Avisaba con muy poco tiempo de antelación, pero gracias a eso pude sacarle un buen precio.

Dos días después, me encuentro aquí, delante de un tanatorio en Getafe.

—No, no, pero aquí no es. —Saco el móvil y me inclino hacia delante para mostrárselo al taxista, que claramente está equivocado—. Mira, esta es la dirección.

Él me lanza una mirada que implora que le deje en paz.

—Efectivamente, es aquí. ¿Quieres factura? —repite, intentando que capte que esto es una despedida y que me vaya.

Le digo que no hace falta y bajo del taxi. Quizá el tal Pedro viva cerca del tanatorio y por eso me haya dado esta dirección. Quizá el tal Pedro trabaje en el tanatorio y ahora salga a recogerme y me lleve al sitio donde tengo que actuar. Quizá el tal Pedro haya muerto.

No lo sé.

Saco el móvil y lo llamo.

—¡Hola, Lola! —saluda de una forma demasiado enérgica como para alguien que ha muerto.

—Hola, Pedro, estoy delante del tanatorio —respondo, esperando que me diga que ahora baja y que nos vamos.

—Genial, segunda planta, sala C.

Y cuelga sin darme tiempo a reaccionar.

Entro y subo las escaleras pensando que es imposible que este señor quiera que cuente chistes en un tanatorio y que habrá una explicación lógica para todo esto. Miro a mi alrededor. El ambiente que se respira es frío y deprimente, como un restaurante de *Pesadilla en la cocina* antes de que llegue Chicote. Un niño que va con quien supongo que es su madre se saca un moco para quitarle dramatismo al lugar.

Llego a la segunda planta y en la puerta que reza «Sala C» hay un hombre de unos cincuenta y tantos, con la cara redonda y simpática. Va vestido con vaqueros y una chaqueta oscura; es decir, apropiado para lo que es un tanatorio. Miro hacia abajo y veo mi camiseta en la que se lee en letras grandes y rosas «TRISTECHONDA».

—Hola, Lola, bienvenida. —Me recibe dándome dos besos. «Bienvenida a tu peor pesadilla».

—¿Qué hacemos aquí? —le pregunto directamente con una sonrisa que intenta esconder mi pánico.

—Bueno, es lo que te dije, nos gustaría que hicieras uno de tus monólogos. Me gusta mucho tu programa, no sabes lo que me reí con el perro que hace skate.

Si bien el programa saca vídeos de perretes monos y caídas graciosas, un monólogo poco tiene que ver con eso, a no ser que dentro de la sala haya un proyector y pueda basar mi actuación en pasar vídeos dándole a un botón. Intento explicárselo.

—Pero estamos en un tanatorio —acierto a decir.

—Ah, bueno —dice él, como si se acabara de dar cuenta—. Pero tú no te preocupes, es lo que te dije —repite—, tómatelo como una reunión de amigos. Nos gusta mucho el humor y creemos que en un momento así puede venirnos bien. A ellos también les gusta mucho el perro que hace skate.

Ojalá me hubiera muerto yo.

Repaso mentalmente el material buscando desesperada algo que me pueda valer. Traía un texto preparado pero, desde luego, no para un tanatorio. Recuerdo ese chiste en el que digo que una vez mi padre se comunicó a través de la güija y el vaso no paraba de moverse porque estaba todo el rato «escribiendo», como en WhatsApp.

—Eso sí, para nosotros es un momento complicado. Así que no hagas chistes con temas complicados, ¿vale? —Y me guiña un ojo que me parece el equivalente al beso de Judas—. Bueno, voy a decirles que ya estás aquí y tú, cuando estés lista, entras y haces lo tuyo —me sonríe y entra en la sala C.

Se me pasa por la cabeza irme. Sin avisar ni nada. Dar media vuelta ahora mismo, bajar por las escaleras, pasar al lado del niño del moco e irme andando desde Getafe hasta mi casa, en el centro de Madrid. Cuando me doy cuenta, llevo un rato fantaseando con las múltiples formas de salir de aquí, incluyendo marcarme un John McClane y tirarme por la ventana con una manguera, pero parpadeo y veo que sigo de pie mirando la puerta de la sala C.

Intento ser coherente. Soy una profesional, me han contratado para esto y, sobre todo, el dinero me viene muy bien para pagar el alquiler. Empiezo a repasar los temas que puedo tratar sin peligro. ¿Debería hablar con el público? Eso está muy de moda ahora entre los cómicos. A la gente le gusta. Me imagino preguntándole a la vieja de la primera fila si tiene pareja y ella contestándome que se ha muerto. Vale, no hablaré con ellos.

Respiro hondo y entro.

En la sala C hay unas cinco filas de sillas ocupadas por quince personas muy serias. Varias se enjugan las lágrimas en silencio. Dos susurran entre ellas. Alguien se suena la nariz y Pedro, desde la esquina de la primera fila, me saluda con una sonrisa. La tensión en el ambiente se puede cortar con un cuchillo. Claramente es el único que quiere que yo esté aquí. Pero lo peor de todo no es el público. Lo peor de todo es el enorme ataúd abierto que preside la habitación con el cuerpo de un señor que seguramente era alguien muy querido por todos los presentes, pero no lo suficiente como para organizarle un funeral digno.

Me meto en personaje; da igual, hemos venido a esto.

Me coloco delante del «público», lo que hace que, irremediablemente, el ataúd y el cuerpo que contiene estén detrás de mí.

—¡Hola! Bueno, vaya caras, ¡que parece que estamos en un funeral! —me lanzo sin ningún tipo de red ni de consciencia.

Veo que a Pedro le ha hecho gracia.

A la señora que se ha puesto a llorar, no.

Pongo el piloto automático y vomito todo lo que se me ocurre. Pedro me ha contratado para veinte minutos, y eso ahora me parece una eternidad inalcanzable. Veinte minutos haciendo llorar a señoras.

—Son momentos duros, pero yo también he pasado por algo duro hace poco: mi novio me ha dejado.

A un señor de la última fila no parece haberle gustado la comparación, porque resopla como un jabalí.

—Bueno, no tengo claro si era mi novio. Siempre me decía «no somos novios, no quiero etiquetas, pero tampoco quiero que salgas con nadie más». ¿No es curioso que no quiera etiquetas alguien que lleva «gilipollas» escrito en la frente?

Una anciana de la segunda fila rompe a llorar y me pregunto si ella también ha estado en una relación tóxica.

Un hombre que se parece demasiado al perro que perseguía a Tom y Jerry se levanta de la silla haciendo mucho ruido y acompaña fuera a la anciana de la segunda fila. Veo que Pedro también se levanta y, pasando por delante de mí, empieza a correr tras ellos.

Mi único apoyo en la sala la ha abandonado sin mirar atrás. Me quedo «sola» con las personas que siguen sentadas enfrente, seguramente demasiado en *shock* para levantarse, y con el muerto detrás, seguramente agradeciendo estarlo.

Algunos han sacado el móvil y teclean rápidamente. Otros, la mayoría, miran al suelo sin decir nada. Yo ya ni soy consciente de qué chistes estoy lanzando porque tengo puesto el piloto automático. Me siento como en *Interstellar*: debo de llevar como tres minutos aquí, pero parece que han pasado siete años.

—Por cierto, Pedro es muy fan de *Enganchados*, no sé si alguien más lo ve —digo, aprovechando la salida del susodicho.

Mi voz sale quebrada.

Me sudan tanto las manos que se podría plantar arroz. Intento remontar a la desesperada:

—¿Os acordáis del perro que hace skate?

Justo entonces, un dedo toca mi espalda. El corazón se me sale por la boca.

—¡HOSTIAS, EL MUERTO!

Salto hacia delante en un arranque impulsivo. Por supuesto, el dedo que me ha tocado la espalda no es del difunto, que sigue quieto en el ataúd abierto tras el cristal, sino de Pedro, que al parecer acaba de entrar con el sigilo propio de un gato. Tengo una mano en el pecho y la otra apoyada en la silla de una señora que no me atrevo a mirar, pero que supongo que tiene los ojos inyectados en sangre.

—Lola, perdona —dice Pedro, serio—. No ha sido una buena idea. Lo vamos a dejar aquí.

Estoy sentada en la cafetería del tanatorio con un café con leche y un bollo con pasas que he apartado a un lado. Lo he pedido pensando que eran pepitas de chocolate. La prueba de que Dios no existe es que los bollos con pasas se parecen demasiado a los de chocolate. La prueba de que el diablo existe es que los venden en la cafetería de un tanatorio. Me imagino a un familiar de un fallecido viniendo aquí, pasando el peor momento de su vida y, cuando va a por algo dulce, ¡zas!, recibe la segunda mala noticia del día. Ya, seguramente si acabas de perder a alguien querido, no le des tanta importancia a una magdalena como se la estoy dando yo ahora. Pero no se puede negar que es muy engañoso. Entonces pienso en Pedro. Yo he sido el bollo de pasas que él creía de pepitas de chocolate.

Si me he quedado esperando es por una razón horrible: no he cobrado. Sé que probablemente va a ser la situación más incómoda de mi vida, pero sigue siendo trabajo. He venido hasta aquí y he preparado un texto para Pedro. Y lo más importante: tengo que pagar el alquiler.

Tecleo rápido mientras le cuento a Berta lo que ha pasado. Berta es mi mejor amiga desde hace tres años, desde que empecé a hacer monólogos. Cuando la conocí, ella trabajaba organizando los shows y los micros abiertos de un bar en el centro de Madrid, aunque ahora, después de haber pasado por unos cuarenta y dos trabajos, es la ayudante del auxiliar del ayudante de Producción de *Por la night*, el *late night* más visto del país. Lleva cafés e imprime guiones, aunque la mayor parte del tiempo se lo pasa durmiendo en el baño o leyendo artículos conspiranoicos —«¿Por qué crees que el agua del grifo del baño sabe peor que la de la cocina? Porque nos echan cosas malas para que tengamos que ir al dentista», me dice a veces.

«Pero entonces, ¿estaba muerto o no?», escribe Berta. «En nada es Navidad, igual sales en *Inocente, Inocente*». Le respondo que si fuera tan famosa como para salir en *Inocente, Inocente*, no tendría que ir aceptando bolos en tanatorios. Me imagino que el muerto es en realidad Bertín Osborne maquillado y que se levanta del ataúd para darme un ramo de flores mientras suena la sintonía del programa. Yo lo acepto entre risas mientras Pedro se revela como el gancho de la broma y la vieja a la que he hecho llorar me tira confeti por encima. Todos somos felices y nadie ha hecho el ridículo.

Justo entonces veo pasar al verdadero Pedro y a la verdadera vieja. Me levanto y me dirijo hacia la puerta de la cafetería. Ambos se han parado cerca de la entrada. Los acompañan el señor que parece el perro de Tom y Jerry y un par de personas más que no reconozco. Espero que ninguno se gire ahora mismo, porque estoy observándolos desde detrás de una planta.

Me acerco a ellos apretando mucho los puños.

—Pedro, perdona… —digo. Pedro se gira y la cara amable que le ofrecía a la vieja se desvanece en cuanto me ve. Noto las miradas punzantes de todos sus acompañantes. Me parece que en cualquier momento la vieja va a echar fuego por la boca—. ¿Podemos hablar un momento?

Pedro acepta y se retira un poco del grupo, mucho menos de lo que me gustaría.

—Bueno, es que… —empiezo. Se me da muy mal pedir que me paguen. Cuando es una factura, por lo menos puedo disimularlo por mail con un «Por favor, pásame los datos» o un «¿Recibiste mi factura?». Pero ahora, a la cara y en un tanatorio, la cosa se me resiste—. Cuando me escribiste, acordamos un precio. —Veo con el rabillo del ojo que todo el grupo, encabezado por la vieja, nos está mirando—. Y sé que no ha salido como queríamos, pero he venido hasta aquí —digo de carrerilla.

Oigo que la vieja suelta un bufido enorme. Me preocupa que se desinfle.

—Sí, pero acordamos veinte minutos —se defiende Pedro.

Pienso que si llego a estar veinte minutos haciendo chistes en la sala C, ahora mismo habría otra sala con un ataúd conmigo dentro, pero no se lo digo.

—Sí, pero… —vuelvo a empezar.

—Mira, siento haberte hecho venir hasta aquí, pero no te voy a pagar por un monólogo que no se ha hecho —sentencia Pedro. Vuelven a sudarme las manos. Veo que la vieja sonríe—. Puedo pagarte el taxi que has cogido, pero…

—Vale —salto demasiado rápido.

Pedro saca su cartera y rebusca mientras yo espero durante los segundos más largos de mi vida. Me tiende un billete de diez euros y se marcha con su séquito antes de que pueda decirle que el taxi me ha costado veinte.

Me doy la vuelta y entro en la cafetería dispuesta a gastarme el sueldo en un bollo que no lleve pasas.

DE CUANDO MI AMIGA «OKUPÓ» UNA CASA

«Me gusta mucho el agua porque hidrata», dice Georgina Rodríguez desde el televisor. Berta y yo estamos viendo la nueva temporada de su documental apoltronadas en un sofá insultantemente grande y, seguramente, insultantemente caro. De hecho, el terciopelo verde que lo cubre se veía precioso si Berta y yo no lo hubiéramos espolvoreado con restos de Cheetos. Un gato me mira suplicante a los pies de la mesa en la que hemos dejado nuestro cargamento: patatas, chocolatinas y una caja de orfidales que me he traído por si a mi cabeza le daba por recordarme el episodio de esta tarde en el tanatorio.

—Creo que tiene hambre —digo, señalando al gato con la cabeza.

—Ya va, ya va… —Berta se levanta para ir a la cocina y deja en pausa el documental justo cuando Georgina está pasando por una crisis de ansiedad porque no le van a terminar la tercera piscina antes de que vuelva Cristiano Ronaldo.

No sé de quién es la casa en la que dos treintañeras estamos demostrando tener la misma salud nutricional que un adolescente. Solo sé que a Berta la han contratado para cuidar del gato que vive aquí mientras los dueños del sofá gigante están de vacaciones. No es la primera vez que mi amiga compagina su trabajo en *Por la night* con otros como este, y tampoco es la primera vez que los usa para tener un sitio donde dormir durante una semana.

«Estoy segura de que en mi casa hay un fantasma. No me da miedo, pero creo que me mira mientras me ducho», me ha dicho hace un rato para excusarse.

Berta coloca el bol de atún en el suelo y se acerca al sofá con una botella de vino blanco y dos copas.

—Esto, para las humanas. Parece caro. ¿Quieres?

—No, ya me siento fatal por estar llenándoles de mierda este sofá *georginesco*.

—Hoy has actuado en un tanatorio —me recuerda.

Le cojo una de las copas y me sirve bastante más de lo que se consideraría normal para un martes por la noche.

—¿En serio les hiciste llorar? —pregunta.

—En realidad, ya estaban tristes —expongo razonablemente—. Pero a lo que importa: ¿te han dicho algo de la prueba?

La semana pasada tuve mi trillonésimo casting desde que empecé en la comedia. No voy a resumirlos todos, pero sí mi top de favoritos. En el número 3 tenemos el casting que hice para un puesto llamado oficialmente «reportera graciosa». Me caí en una callejuela mal asfaltada del centro mientras grabábamos y tuvieron que pararlo para llevarme al hospital. No me cogieron, cosa que no entiendo, porque no hay nada más gracioso que una caída. En el número 2, el casting para una colaboración en el matinal de una radio en su vigésimo intento de que las noticias entren mejor con humor. Esta vez me cogieron, pero cancelaron el programa en su segunda semana después de que comparáramos a Juan Carlos I con Julio Iglesias. En el número 1, el más difícil: el casting para conseguir piso en Madrid. Nóminas, contrato fijo, vida laboral, 82 meses de fianza, sangre de unicornio y tu primogénito. Conseguí uno, por cierto, pero prefiero pasar las tardes con Berta en una de sus gigantescas casas okupadas en lugar de hacerlo en mi caja de zapatos de 25 metros cuadrados.

El casting de la semana pasada fue para *Por la night*. Al parecer, buscan nueva colaboradora después de que los pusieran a caldo en redes porque la única mujer que apareció en el programa durante la temporada pasada fue la madre del presentador. Me preparé una sección durante semanas y creo de corazón que me salió muy bien. «Muy bien» es mucho viniendo de mí, alguien con menos autoestima que un comensal de *First Dates*, pero lo pienso de verdad. Incluso al terminar la prueba vi de reojo que Corrales, el productor ejecutivo del programa, me sonreía. O eso o intentaba quitarse un *paluego*, pero quiero pensar que fue lo primero.

—No sé nada, solo hablan conmigo cuando una fotocopia ha salido cortada —responde Berta.

Me recuesto dramáticamente en el sofá con la copa de vino aún en la mano. Entrar en el *late* es un pasaporte directo para poder vivir de esto. Para poder decir «soy cómica» con mayúsculas y no «soy una autónoma que sale de vez en cuando en un programa que no ve nadie y cuyo último bolo ha sido en la plaza mayor de Sagunto sobre un cajón de mandarinas».

—¿Quién más hizo el casting? —pregunto.

—Ni idea tampoco, ese día me tuve que quedar haciendo el trabajo de Plástica del hijo del presentador. Creo que suspendió, pero bueno.

Bufo tan fuerte que el gato sale corriendo creyendo que era una amenaza dirigida a él.

—No quiero seguir siendo una cómica de cajón de mandarinas —me lamento.

—¿Sabes que las mandarinas son un experimento genético creado para que una raza de hombres topo que vive bajo tierra pueda comer naranjas de su tamaño? Lo leí en *Año Cero*. —Al ver que vuelvo a resoplar, Berta para el documental y me mira—. Lola, lo hiciste bien. Ahora no depende de ti, solo puedes esperar a que te llamen.

Me suena el móvil en ese preciso instante.

Berta se levanta de un salto con los ojos muy abiertos y tira las palomitas al suelo.

—Lo sabía. Voy a por papel albal.

—No puede ser —digo, temblando.

Efectivamente, no es. Desbloqueo el móvil para ver que mi Ex El Mago© me ha enviado un mensaje: el emoji del sombrero de copa.

Berta irrumpe en el salón con la cabeza envuelta en papel de aluminio.

—¡¿Son ellos?!

No sé si por «ellos» se refiere a los de *Por la night* o a los aliens, pero para las dos posibilidades tengo la misma respuesta:

—No. Es Eloy.

Eloy y yo nos conocimos en un micro abierto porque, además de mago, también es cómico. Estuvimos saliendo unos meses, hasta que descubrí: 1) que era mago, y 2) que me ponía los cuernos con otras tres chicas. No sé cuál de las dos cosas me molestó más. Supongo que la segunda, porque se excusó diciendo que, siendo mago, no le podía culpar «por ser un Rey de Corazones». Ahora es un ex tipo cometa Halley: vuelve a rondar cada cierto tiempo.

—¿Qué quiere? ¿Enseñarte su varita? —ríe Berta, sentándose de nuevo.

—¿Vas a hacer el mismo chiste siempre?

—Sip.

Al coger el móvil, el calendario me recuerda algo: mañana me toca ir a *Enganchados*. Me desplomo en el sofá otra vez. Sé que salir en televisión, aunque sea una vez al mes, debería ser motivo de alegría para una cómica que todavía actúa en sótanos de mala muerte, y lo era los primeros días, cuando una ilusa Lola soñaba con que un programa de *zapping* de las nueve de la mañana iba a ser su trampolín para presentar su propio *late night*. Pero después de más de un año en el que sigo siendo la suplente del suplente del suplente y nadie ha tenido a bien aprenderse mi nombre, la alegría se ha convertido en desencanto.

Aun así, *Enganchados* me sigue ayudando a pagar las facturas, aunque eso signifique tener que estar lista a las seis y media de la mañana y dejar el documental de Georgina a la mitad.

—Mañana voy a *Enganchados* —le anuncio a Berta—. Pon otro episodio, pero luego ya me voy a casa, ¿vale?

Cuando me incorporo para coger la copa de vino, el gato de antes aparece de entre las sombras y me bufa. Luego se marcha con la cola en alto, tras haberse cobrado su venganza.

DE CUANDO LLEGUÉ TARDE AL PROGRAMA

No me puedo creer que haya aceptado volver a actuar en un tanatorio. No recuerdo ni cómo he llegado hasta aquí, pero estoy en una sala llena de gente delante de otro ataúd y todo el mundo está esperando a que hable. ¿Por qué he aceptado? No lo sé, pero salgo de la sala antes de que alguien se ponga a llorar. Y lo que veo me extraña muchísimo. Desde el otro extremo del pasillo aparece bamboleándose Georgina Rodríguez. «Acuérdate de terminar la piscina», dice, y me tiende un sobre de jamón ibérico. Antes de que pueda preguntarle a qué se refiere, ella misma se convierte en una pata de jamón. No parece importarle porque sigue hablando, pero no puedo oírla: un temblor sacude tanto las paredes que creo que se va a caer el edificio.

Me despierta la vibración del móvil al lado de mi cara. Tardo un rato en ser consciente de que me he dormido en el sofá y de que el documental de Georgina aparece como «finalizado» en la pantalla. Cojo el móvil casi sin abrir los ojos.

—¿Sí? —digo con la voz que tendría alguien que acaba de salir del coma.

—Hola, Lola, me dice el taxi que está ya en la puerta.

Miro la pantalla del móvil en un intento de saber quién me está hablando y siento que se me sale el corazón por la boca cuando veo escrito «Marina Producción Enganchados». Leo también la hora: las 06.37.

—¿Lola? ¿Le digo que ya bajas?

—Sí, ¡no! Perdona, Marina, es que… —balbuceo con voz ronca. Miro a mi alrededor, todavía desorientada. Berta está durmiendo en la alfombra con la boca abierta y un brazo metido en una bolsa de Cheetos. El gato yace plácidamente sobre su barriga—. No estoy donde siempre, se me olvidó avisaros del cambio de dirección. ¿Podría venir el taxi hasta aquí?

Oigo un resoplido al otro lado del teléfono.

—¿Qué dirección sería?

Me arrastro hasta la alfombra y zarandeo a Berta para despertarla y que me recuerde en qué calle estamos, pero solo consigo despertar al gato. Desesperada, abro la aplicación del mapa y, más tarde de lo que me gustaría, le digo a Marina el nombre de la calle.

—Dame un segundo… —farfulla; creo que ahora mismo no le caigo muy bien—. A ver, Lola, me dice el taxista que, si va hasta allí, llegaría a plató dieciocho minutos más tarde porque aún tiene que recoger a otros dos colaboradores. Pídete uno para venir directa, ¿vale?

—Sí, sin problema —respondo.

—Eso sí, me dicen que no te lo podemos abonar porque no nos avisaste del cambio de dirección.

—Sí, sin problema —vuelvo a responder, esta vez mintiendo.

Cuelgo justo a tiempo para gritar «¡Me cago en Dios!» sin que Marina me oiga. Me levanto de la alfombra y me dirijo al baño, trastabillando con las dos cajas de Donettes que hay tiradas por el suelo. Por suerte, me dormí vestida y solo necesito lavarme la cara y hacer pis para parecer una persona decente.

—Vaya cara… —me escupe Berta cuando vuelvo al salón, echando por tierra mi hipótesis—. ¿Qué haces? Aún es de noche.

—Irme al puto *Enganchados* puto tarde porque me he puto dormido.

Me parece que Berta gruñe algo parecido a «Baja la basura» mientras me pongo las zapatillas, pero se da media vuelta sobre la alfombra y se pone a dormir otra vez, así que, lamentablemente, lo que sea que me ha pedido se quedará en una incógnita para siempre. Cojo el mismo bolso que llevé anoche, un par de magdalenas de encima de la mesa del salón y salgo de la casa mientras busco en el móvil la parada de metro más cercana. No puedo gastarme veinte euros en un taxi. La tele será glamur, pero yo no.

Empecé de colaboradora en *Enganchados* hace un año por culpa de un cólico intestinal. Concretamente, el de Marisa, una excolaboradora que tuvo a bien desayunar un kebab una hora antes del directo y que siguió con la cabeza metida en el váter hasta una hora después de terminarlo. Por aquel entonces yo era guionista del programa. El director entró esa mañana en la redacción con la vena del cuello muy hinchada y me preguntó si sabía leer un *cue*, el cristal que hay debajo de las cámaras con el texto del guion y que hace que parezca que te sabes todo de memoria cuando en realidad lo estás leyendo. Sí, en la tele todo es una mentira, y sí, Matías Prats también lo usa. «Lo hice una vez en la carrera», le dije. «Suficiente», me contestó. Tres cuartos de hora después, estaba sentada en una silla del plató preparada para fingir lo mucho que me entretenía el vídeo de un gato tropezando consigo mismo que ya había visto doce veces. De Marisa no volví a saber nada. Dicen que terminó dentro del disfraz de vaquilla del *Grand Prix*. Por si acaso, nunca comí un kebab antes del programa.

Tengo que estar en maquillaje a las siete en punto. Llego corriendo al edificio de los platós a las 7.32. Me dispongo a atravesar la puerta cuando oigo una voz masculina que me grita. El guardia de seguridad se asoma por la ventana de la garita con cara de labrador recién despertado.

—Los que venís por primera vez tenéis que entrar acompañados.

—Vengo todos los meses.

—¿Sí? —El guardia me mira de arriba abajo, como si ir en zapatillas y con dos ronchones debajo de los sobacos no encajara con su imagen de alguien famoso—. Pues no me suenas.

—Soy Lola, vengo a *Enganchados* y llego supertarde.

El guardia teclea algo en su ordenador durante lo que seguramente sean segundos pero que a mí me parecen horas.

—No estás.

—¡¿Qué?! —exclamo.

—Que no hay ninguna Laura en *Enganchados*.

—Lola, ¡Lo-la!

El guardia gruñe, molesto por haberle subido la voz. Teclea algo otros cien años más y al rato asiente sonriendo, como dando a entender que da su permiso para que pueda entrar en el maravilloso mundo de la televisión.

Paso por la puerta y atravieso los pasillos derrapando en las curvas como un gato que acaba de ver una aspiradora. A las 7.41 llego a la sala de maquillaje. Los demás colaboradores ya están terminando, pero, o no se dan cuenta de mi presencia, o están demasiado ensimismados mirando su propio perfil de Instagram como para saludarme. Me deshago en disculpas con los maquilladores por llegar tarde y me siento en una de las sillas vacías, resoplando aliviada.

—A ver qué podemos hacerte en quince minutos —dice la pobre a la que le toca cogerme—. ¿Cómo te gusta maquillarte?

—Marcando los ojos, como me lo habéis hecho las otras veces.

—¿Has venido ya? —me pregunta, visiblemente extrañada—. Pues no me suenas.

Después de quince minutos intentando arreglar la cara de una persona que ha dormido sobre una bolsa de Cheetos Pandilla, me dejan libre y salgo disparada hacia vestuario. Cuando cruzo la puerta, un armario me bloquea el paso. Luego me doy cuenta de que es el director del programa, el Teniente Juan. Antes de *Enganchados*, estuvo quince años trabajando en Informativos, así que tiene la misma mirada que un veterano de Vietnam. Por supuesto, quince años en la profesión han hecho que el ritmo de trabajo de una redacción de actualidad sea el suyo propio y, por lo tanto, el que intenta aplicar a *Enganchados*. Nunca olvidaré aquella vez que dijo «Tenemos una última hora» refiriéndose al vídeo de una influencer arrastrada por una ola mientras posaba.

—Hoy has llegado tarde —me ladra, mirándome desde sus cuatro metros de altura. Me da la impresión de que está a punto de ordenarme que dé diez vueltas corriendo al edificio.

—He tenido problemas con el taxi, lo siento.

—Lola, no somos el telediario, pero la gente cuenta con nosotros para saber qué vídeos se han hecho virales. Eso también es noticia, de una forma u otra —me dice, aunque suena como si intentara convencerse a sí mismo.

—Tienes razón —miento.

—¿Sabes a cuántas personas hicimos felices con el vídeo del perro que hace skate?

—A muchas.

Mira al frente, como recordando el momento en el que perdió a su pelotón en la guerra del Golfo.

—Te aseguro que Ana Rosa no hace tan feliz a la gente como nosotros —remata.

El Teniente Juan tiene una cruzada personal con Ana Rosa simplemente porque es la competencia en la franja horaria. No compartimos ni *target* ni temática, y estoy segura de que Ana Rosa no sabe quién es ni cómo se llama, pero él ya ha elegido a su enemigo. Se rumorea que en su despacho ha colocado una foto enmarcada de Ana Rosa «para no relajarse».

—No volverá a pasar —digo sin intención de mentir, pero sabiendo que, efectivamente, volverá a pasar.

Antes de marcharse, el Teniente Juan se gira hacia Pau, el estilista, desde el marco de la puerta.

—¿Esa es la ropa de Lola para hoy? —pregunta, señalando con la cabeza un top y unos pantalones largos. Pau asiente—. No, ponle una falda corta. Hoy Ana Rosa tiene a un reportero en una casa okupa, tenemos que sacar toda la artillería. —Se gira hacia mí y pregunta—: ¿Tienes celulitis?

—No —vuelvo a mentir.

Cojo la ropa que me indica Pau y me la llevo al baño. Como vengo una vez al mes, no tengo derecho a camerino. Hay uno que siempre se queda libre, pero tiene que permanecer así por si llega «un invitado de ultimísima hora», según me hicieron saber cuando me quejé por tener que vestirme en un lavabo en el que había mierda flotando. La televisión será glamur, pero la mierda huele igual que en el policlean de un festival.

Cuelgo la ropa y pienso en el camerino, en el invitado de ultimísima hora y, por extensión, en Jero.

Hace seis años, al poco de graduarme en Periodismo, empecé a trabajar en un periodicucho digital que tuvo a bien ofrecerme un contrato con un sueldo mucho menor de lo que marcaba el convenio, pero que firmé con una sonrisa radiante pensando que por fin podría llenar las baldas de la nevera con algo más que no fuera hielo. Nada más entrar, me mandaron a entrevistar a Jero, un famoso presentador de un concurso familiar que se emitía en *prime time*. No era algo que tuviera que hacer una recién contratada de veinticuatro años a la que en principio iban a tener dos semanas sirviendo cafés, pero el redactor de Cultura al que le tocaba hacer la entrevista acababa de ser fulminantemente despedido por hacer 250 fotocopias de un cartel que anunciaba la próxima actuación de su grupo Nicolas and The Cages.

Jero tenía veinte años más que yo y era guapo, pero no de esos guapos de cara rectangular y moreno casi barnizado de protagonista de película de acción. Era más bien guapo con un ojo más alto que el otro y de constitución pequeña, pero llevaba traje, tenía carisma y volvía locas a las abuelas, y en la tele no hace falta más. También empezó a volverme loca a mí, y eso fue un problema.

Al terminar la entrevista, se despidió con frialdad, pero a las pocas horas me contactó por Facebook. Sabía mucho de comedia y de música y de cine y de cualquier cosa que se le pusiera por delante, o eso le parecía a mi yo de entonces. Yo aceptaba de buena gana sus gustos y aficiones y sus explicaciones sobre series británicas que me avergonzaba no conocer. Las veces que volvimos a vernos en persona, me derretía como un Calippo en agosto porque le miraba y no me entraba en la cabeza que una estrella de la televisión estuviera hablando conmigo. Me compré toda la discografía de su grupo favorito y lo convertí en el mío, fantaseando con ir a algún concierto con él y que fueran la banda sonora de nuestro beso después de que él me pidiera formalizar la relación. No tiene nada de malo fantasear con alguien que te gusta, acepté tiempo después. El problema llega cuando esas fantasías te nublan la realidad. Él no iba a pedirme matrimonio en un concierto de King Gizzard. Iba a acostarse conmigo y, quizá, a escribirme de vez en cuando, aunque yo eso no lo sabía. Era una opción lícita pero totalmente alejada del monumental filme empalagoso que yo había construido y que él había aceptado de buena gana. Al fin y al cabo, a sus cuarenta y tres tacos tenía a una veinteañera lamiendo el suelo que él pisaba.

«Ahora no lo lamo», pienso mientras me quito las botas. «Ni vamos a llegar a tener nada serio, ni lo necesito», pienso mientras aprieto las botas. «Pero no estaría mal un reencuentro», pienso mientras clavo las uñas en las botas. Si alguien tiene que usar ese camerino, no me importa que sea él. Entonces caigo en que tiene un programa nuevo. Podría venir a promocionarlo. Bueno, lleva en antena seis meses. Pero ¿qué es nuevo y qué es viejo en televisión? Saco el móvil, entusiasmada con una oferta que ni siquiera depende de mí.

«Oye, si te pasas un día por *Enganchados*, avisa», le escribo como si no lleváramos meses sin intercambiar palabra.

Cuando mi móvil vibra y se cae al suelo justo por la esquina donde está la escobilla, me pilla literalmente en bragas. Con mucho cuidado, lo cojo con dos dedos intentando no contagiarme de sífilis, y empiezo a temblar, alucinando con que el mensaje trampa haya funcionado y Jero me esté llamando.

—¿Sí? —respondo con el móvil muy alejado de la cara.

—¿Te han llamado ya de *Por la night*? —pregunta Berta al otro lado del teléfono. Mi ritmo cardiaco vuelve a la normalidad.

—No, ¿por? —Me doy cuenta de la hora que es—. ¿Qué haces despierta?

—He tenido un sueño premonitorio. Te van a llamar. ¿No te han llamado?

—No.

—¿Seguro?

—Bastante. Oye, trabajas allí, ¿no les puedes preguntar y ya, en vez de guiarte por sueños?

—No, sabes que no me cuentan nada. Y mis sueños siempre aciertan.

—Soñaste que me darían un camerino —replico, mirando a mi alrededor.

—Soñé que había un camerino. Y uno hay. Pero no te lo dan. —Bosteza muy alto—. No te han llamado, entonces, ¿no?

—No.

—Avísame cuando lo hagan, me vuelvo a dormir.

Berta cuelga y veo un mensaje de Jero: el emoji del pulgar hacia arriba. Lo considero una victoria hasta que veo el reloj de la pantalla: hace diez minutos que tendría que estar en la lectura de guion. Maldigo y contengo la respiración para poder embutirme en la falda. No creo en esas cosas, pero la verdad es que ahora mismo me vendría genial que Berta tuviera poderes.

Llego la última a la lectura de guion. En la sala está ya el Teniente Juan convenciendo al presentador de que el vídeo en el que un hombre de mediana edad sale disparado hacia la maleza desde un tobogán de agua mal atornillado es un bombazo. Me abro paso entre los otros tres colaboradores de hoy y el pobre guionista que hace dos horas que debería haberse ido a su casa. El único asiento libre es un taburete arrinconado y mucho más bajito que el resto de las sillas. Lo cojo y lo arrastro haciendo mucho ruido. Octavio me mira con desaprobación.

Octavio es uno de los colaboradores de hoy. Hace tres años que está en el programa, es decir, desde que tenía treinta y cinco, pero la semana pasada subió una foto a Instagram con un muffin y una velita autofelicitándose por sus «dulces 31». Durante estos tres años, su misión principal ha sido la de hacerse amigo de Patri, la colaboradora estrella del programa, sin éxito.

De Patri no sé mucho más de lo que sabe todo el mundo, ya que en el año que llevo en el programa no me he atrevido a cruzar dos palabras con ella. Patri es la perfección, y eso mismo es lo que vende en sus redes sociales, donde también aparecen su marido, sus cinco hijos, sus tres caniches, sus dos chihuahuas y su pomerania. Es la imagen de todos los productos alimentarios que van de los tres a los doce años, aunque ella misma tiene una marca de nutrición vegana. Una vez hizo un vídeo de su bebé llorando porque no le gustaban las espinacas y luego lloró ella porque las de su marca tampoco le gustaban. Por supuesto, los intentos de Octavio para que Patri le etiquete en algún story de su Instagram y le haga saltar a la fama se asemejan bastante a los de un perrete desesperado por que le lancen la pelota. Me daría lástima si no mirara por encima del hombro al resto del mundo.

Cuando Octavio se gira hacia mí, percibo que está más naranja de lo habitual. Es así incluso sin maquillar, porque supongo que sus padres fueron un níspero y una bombona de butano. Pero hoy, entre el maquillaje y su pelo decolorado, parece una enorme bola de fuego.

Saludo con la cabeza a la bola de fuego y saco las magdalenas de chocolate que he cogido prestadas de la casa okupada por Berta.

—Gracias por unirte a nosotros, Laia —dice, jocoso, el presentador. No me molesto ni en recordarle mi nombre.

Lleva una gorra puesta aunque estemos en interior, pero tiene dinero y eso significa que puede hacer lo que quiera. De hecho, es una gorra de su propia marca. La sacó hace unos meses y ya gana más con ella que en un mes en *Enganchados*. Supongo que por eso cada vez le da más igual el programa.

—Bueno, hoy tenemos varias noticias —arranca el Teniente Juan, que tras dos años aquí ya llama «noticia» a cualquier cosa—. Vamos a hablar de la polémica del móvil que han sacado solo para mujeres centrado en selfis, en belleza, en filtros y en esas cosas vuestras. Es bastante chulo, pero, en fin, ya sabéis que ahora la gente se ofende por todo.

—Espero que sea rosa para que mi mano de mujer pueda cogerlo —bufo en voz alta sin darme cuenta.

—Eso es gracioso —salta el Teniente Juan, incorporándose en la silla. Agradezco a Dios que mi espontáneo sarcasmo lleno de asco me valga un halago y no un despido—. Muy gracioso. Tú —se dirige al guionista—, ponle eso a Patri en el guion.

—Ay, sí, Patri, te va a quedar muy gracioso —le sonríe Octavio, que obtiene por respuesta la nada absoluta.

Genial. Respiro profundamente porque la otra opción que se me pasa por la cabeza es ilegal. No es la primera vez que el Teniente Juan se apropia de chistes ajenos para pasárselos a un colaborador de más rango, pero eso no significa que cada vez escueza menos. No comento nada y me centro en comerme mis magdalenas y en mirar el móvil para ver si telepáticamente consigo que llamen los de *Por la night*. Igual Berta me ha pasado algo de sus poderes.

—Conexiones en directo —continúa el Teniente Juan. Sigo con la vista fija en mis magdalenas sin prestar mucha atención. Normalmente las conexiones en directo le incumben sobre todo al presentador. Los colaboradores, si tenemos suerte, podemos meter algún comentario medio gracioso—. El dueño del perro que se hizo el selfi, el chico que se estrelló en patinete eléctrico, un nutricionista para que nos hable de la moda fofisana, ¿tienen algo de sano o solo están gordos?

—Eso es fenomenal —interrumpe Octavio una vez más, mostrando unos dientes blancos que resaltan sobre su cara naranja. Es como una calabaza con collar de perlas—. Los fofisanos se llevan mucho ahora, hasta en televisión.

—¿Ah, sí? —gruñe otra de las colaboradoras.

—¡Claro! Ahora todo el mundo es hashtag fofifan. —Dice «hashtag» en voz alta—. Mira a Lola, por ejemplo.

Todos los ojos de la mesa se posan en mí mientras desenvuelvo la segunda magdalena. No puedo contestar porque tengo la boca llena de la primera, pero quizá haya suerte y me atragante y me muera. No pasa nada porque, al momento, a Patri se le ocurre una idea fantástica:

—Es verdad, podríamos contactar con gente como Lola para que le pregunten sus dudas al nutricionista. Cosas en plan… —me mira mientras se le ocurre algo—, ¿puedo desayunar magdalenas todos los días? Para ponerte *fit* no, claro, pero para gente fofisana puede ser, ¿sabes? —termina, señalándome como para probar su teoría.

—Exacto, gente a la que no le importe demasiado su físico. Qué buena idea, Patri —dice Octavio El Naranja de forma zalamera. No le importa hacerle la pelota cada dos segundos si eso significa una posible invitación a su próximo evento donde pueda codearse con influencers a los que saca veinte años. Igual que a mí tampoco me importa si tengo que dejar de comerme la magdalena para metérsela por algún orificio.

—No sé si conectar con alguien en directo para llamarlo «gordo insano» nos va a dejar muy bien en redes —me atrevo a decir, esperando también que alguien pille la indirecta, ya que ahora mismo mi autoestima yace inerte en el suelo de la sala.

Hay una pequeña pausa hasta que Patri se decide a hablar:

—Es verdad, perdona, Lola —dice un poco afectada, inclinándose hacia mí desde la otra punta de la mesa—. ¿Cómo os llamáis entre vosotros?

—¡Hecho, entonces! —exclama el Teniente Juan sin darme tiempo a reaccionar—. Llamaremos a varias gordas. Lola también le puede hacer algunas preguntas al nutricionista. Tú —gruñe, dirigiéndose al guionista—, ponle algunas preguntas en el guion.

El guionista teclea frenéticamente mientras me habla:

—OK. Lola, luego, si quieres, te explico cómo funcionamos en las entrevistas. Normalmente las hace solo el presentador, pero los colaboradores podéis meter algún comentario…

—No es la primera vez que vengo —le interrumpo.

—¿No? —Se gira para mirarme—. Pues no me suenas.

DE CUANDO MI MEJOR AMIGA SE HIZO INFLUENCER

Cuando empecé a vivir con Trixx apenas nos conocíamos. De hecho, en aquella época todavía respondía a su nombre real: Beatriz. Habíamos coincidido en un par de clases en la universidad e intercambiado algunos apuntes de asignaturas que teníamos en común, pero cada una tenía su grupo de amigos. Desde luego, no habíamos llegado a ese nivel de confianza en el que una le sujeta el pelo a la otra mientras esta vomita en la papelera de la cocina después de una noche de confesiones y Puerto de Indias. Eso solo ocurrió años más tarde. La necesidad de una compañera para compartir piso poco después de graduarnos fue lo que nos unió, y nuestra pasión por la pizza de atún y por los gemelos de las reformas, lo que nos convirtió en amigas. Por las noches nos tirábamos en el sofá a cenar pizza y beber cerveza como descosidas mientras soñábamos con tener algún día una casa «con espacio diáfano» y demás tecnicismos que habíamos aprendido viendo el programa.

Hubo una noche antes de salir en la que Bea tuvo uno de sus momentos de verse fea. Mi entonces mejor amiga sufría de esos momentos pasajeros igual que yo y que la gran mayoría de las mujeres que conozco, y tanto la intensidad como la duración podían variar aleatoriamente según el momento. Es una tía guapísima y recuerdo que entonces la vi como siempre, pero bastó una bombilla fundida en el baño, un grano en un determinado sitio y el haber tenido previamente un mal día para que Bea explotara y se pusiera a llorar delante del espejo mientras nos maquillábamos y dijera que jamás saldría de casa pareciendo Fiona, la novia de Shrek. Sin embargo, mientras lloraba, seguía luchando por hacerse el eyeliner en un eterno último intento de verse bien. Al final terminó llorando, pero de risa, porque se había hecho una raya del ojo para abajo y otra para arriba. Cuando se dio la vuelta para enseñarme el resultado, yo la sorprendí porque me había perfilado los labios casi hasta la nariz como un gesto de empatía hacia ella. Se rio tanto que se atragantó con su propia saliva y volvió a llorar.

Otra noche, Bea y yo nos perdimos por unas callejuelas del centro de Madrid. O quizá de la zona norte. O la sur. No lo recuerdo bien. Lo que sí recuerdo es que volvíamos a las cinco de la madrugada de un garito de mala muerte que nos había recomendado un amigo suyo y del que pudimos huir justo antes del concurso de chupitos de absenta. No teníamos batería en el móvil y terminamos deambulando por una calle estrecha, oscura, de edificios bajos y antiguos cuya silueta recortaba la luz amarilla de las farolas. No tardamos en echar a volar la imaginación. Hacía poco habíamos tenido sesión de películas de miedo en nuestro sofá y recordábamos

Silent Hill con demasiado detalle. En cada esquina podía agazaparse cualquier criatura inhumana, pero ni Bea ni yo teníamos una pistola para defendernos, solo las llaves de casa y los bordes de una pizza que habíamos comprado media hora antes. Recuerdo que en un momento Bea chilló como una descosida señalando un cartel: «¡Ahí pone "Se venden estacas"!», lo que, en nuestro estado, era una prueba evidente de que en esa zona de Madrid había vampiros. Después, al fijarnos mejor, vimos que el cartel decía «Se vende esta casa». Nos tiramos el camino de vuelta pensando en que tampoco tenía sentido que fuera una tienda de estacas. «Si fuera un barrio de vampiros, ninguno de ellos habría abierto una tienda para vender estacas», reflexionó Bea. «Quizá sea alguno del barrio de al lado que ha visto un nicho de mercado para turistas», expuse yo. Nos dieron las seis de la mañana cuando llegamos al piso, todavía en nuestro universo personal, discutiendo sobre por qué un minorista abriría una tienda de estacas en un barrio de vampiros. «Igual es como en *Los juegos del hambre*: primero te dan las armas y luego van a por ti», reflexionó Bea.

«Claro, son vampiros pero juegan limpio», convine yo. Nos despertamos en el sofá a las dos de la tarde con el ordenador aún encendido y la página de Wikipedia abierta por la entrada «Vampiro».

La pizza de atún y los gemelos de las reformas fueron las dos primeras cosas que me unieron a Bea, pero lo tercero, el pegamento de verdad, fue el humor. Creo que cuando dos personas comparten el mismo sentido del humor, comparten un mismo código fuente. Bea y yo no tardamos en descubrirlo y, cuando nos dimos cuenta, la sensación fue similar a la de un flechazo. Durante el tiempo que vivimos juntas veíamos las cosas a través del mismo prisma. El mismo prisma absurdo, tonto y blanco. Yo lo utilicé para escribir monólogos mientras seguía en el periódico y ella, para hacer vídeos para redes. A veces me iba a su habitación de madrugada para compartir una idea que se me había ocurrido y no sabía si era lo suficientemente graciosa, y ella hacía lo propio la noche siguiente con un vídeo que no sabía cómo terminar. Siempre bromeaba con que tenía que petarlo antes de los treinta, que con esa edad te echan de TikTok.

Solo pasó un año desde que la ya renombrada Trixx empezó a ganar seguidores hasta que se dio cuenta de que podía vivir fácilmente con los ingresos que le proporcionaban sus vídeos. Decidió mudarse sola a un piso mejor que el que teníamos —es decir, cualquier otro piso de Madrid— y nos prometimos seguir siendo mejores amigas, seguir saliendo de fiesta y enviarnos ideas y chistes malos todos los días. Al principio lo conseguimos y quedábamos todas las semanas. Luego, todos los meses. Desde hace un tiempo, nos contentamos con mandarnos stickers de gatos para felicitarnos el cumpleaños con la promesa de una cerveza para celebrarlo. No ha habido manera de cumplirla en los dos últimos años, pero este es diferente.

Primero, porque lo bueno de no tener un trabajo fijo es que tengo la agenda bastante libre. Y, segundo, porque Trixx cumple treinta años.

DE CUANDO FUE EL CUMPLEAÑOS DE TRIXX

Llamo al telefonillo mientras Berta ojea los folletos de la cesta de publicidad.

—¿Sabes que la palabra «Carrefour» significa «Illuminati» en francés? Se ve que por las noches organizan reuniones en los sótanos —me dice, mirando uno de los folletos—. Pero tienen buen hummus.

La invitación de Trixx me llegó pocos días después de cuando fui a *Enganchados* casi una hora tarde y con Cheetos Pandilla en el pelo, días durante los cuales me había dedicado principalmente a subir algunas de las fotos que me había hecho en el plató. En todas tenía una amplia sonrisa que parecía decir «Tengo el trabajo de mis sueños» en lugar del pensamiento real: «La tele es cruel y me hacen sentir culpable por comer magdalenas». Justo estaba a punto de editarme la cadera en una de ellas para que Octavio no me comentara un «#fofifan» cuando me llegó el mensaje de Trixx: ese sábado, vermuteo en su casa. «Una pequeña reunión de amiguis», lo llamó. Terminaba el mensaje con un «Tráete a quien quieras» y, por supuesto, he obligado a Berta a venirse.

El portal se abre y entramos. El edificio es viejo y cruje como la cadera de Bertín Osborne, pero está en pleno Malasaña y sé que Trixx se moría de ganas de vivir en este barrio, al menos cuando compartíamos piso. En aquella época me pidió prestado uno de mis libros de Nora Ephron, así que llevo una bolsa con el último que ha publicado envuelto para regalo.

—Oye, ¿cómo se llamaba? ¿Tris? —me pregunta Berta en el ascensor.

—Trixx. Bueno, en realidad se llama Beatriz. Pero la llamaban así en la uni y luego se lo puso para redes —recuerdo—. O sea, que sí, Trixx.

—¿Por qué no hay nadie en redes que tenga un nombre normal? —vuelve a preguntar Berta, demostrando que, aunque su cuerpo tenga veintiocho años, su espíritu tiene ciento tres—. Es como en Tinder. ¿Por qué no hay nadie que tenga un hobby normal? Ni siquiera sé si voy a querer follar en la primera cita, ¿por qué creen que voy a querer escalar o hacer surf? Eso cansa aún más.

Cuando llegamos al último piso, una de las puertas está abierta y en el umbral nos recibe una chica. Lleva el pelo rubio con mechas rosas, un eyeliner azul que casi le llega hasta la oreja y unas botas de plataforma que le cubren toda la pierna. Parece una de las Bratz con las que jugaba de pequeña, pero a los pocos segundos me doy cuenta de que es Trixx, que me da un abrazo con una gran sonrisa. Hacía dos años que no nos veíamos, pero siento como si hubieran pasado cien.

—¡Lola, por fin! Si no llegas a venir te mato y luego traigo tu cuerpo a la fiesta —me dice—. Qué guapa estás.

Supongo que miente, porque ella parece una de las Spice Girls y yo, que voy con vaqueros y zapatillas, parezco uno de Gorillaz, pero se lo agradezco y le presento a Berta, que se ha subido el folleto del Carrefour.

—Mola el pelo —le dice Berta mientras entramos—. ¿Sabes que hay una tribu en Centroamérica que le tiene pánico al color rosa?

—¡Gracias! Aquí también hay una así, se llaman «hombres» —ríe Trixx—. Venid al salón.

A nuestros pies hay una alfombra blanca, un par de pufs alrededor de una mesita y un mueble con cajones pegado a la pared.

—¿Esto no es el salón? —pregunta Berta, leyéndome el pensamiento.

—Creo que es el recibidor —respondo, dudando.

Por suerte, Trixx trota unos pasos delante de nosotras y no ha oído nuestra tremenda paletada. Su recibidor mide lo mismo que la habitación de mi casa, pero su salón debe de medir como un par de plazas de toros. El pequeño vermuteo de amiguis parece la boda de Tamara Falcó. Efectivamente, hay vermut, pero lo está sirviendo un camarero uniformado detrás de una barra cubierta por el logo de una conocida marca. En la otra esquina, o sea, a ciento veinte kilómetros, un DJ pincha en su cabina, coronada con una pancarta en la que puede leerse «Happy Bday Trixx». «Happy Bday», a Trixx, que es de Majadahonda.

—Parece que te hayan hecho esto los gemelos de las reformas —le digo.

45

—Sí, al final lo del «espacio diáfano» era un eufemismo para «tira todas las columnas que veas». Tomaos algo, lo que queráis. La mayoría de aquí somos embajadores de esta marca, así que todo el vermut es gratis. ¡Ahora os veo!

Trixx nos sonríe y se va a saludar a un par más que acaban de llegar. Entre el salón y la terraza debe de haber como treinta personas, pero Trixx lo ha organizado como si fuera para doscientas.

—Voy a ver si consigo hierba —dice Berta, escabulléndose.

—¡No, tía! —le grito, no para evitar que se drogue, sino para evitar que me deje sola entre tanta gente que no conozco. Sí, tengo a Trixx, pero Trixx va a estar ocupada con sus labores de cumpleañera.

Cuando me giro, Berta ya no está. Cuando quiere es rapidísima.

Me acerco a la barra para socializar con la única persona que jamás me fallaría: el camarero.

—¿Qué te apetece?

—¿Hay algo más aparte de vermut?

—No.

—Entonces ¿por qué preguntas?

—Porque puedes pedir uno, dos, catorce...

—Uno está bien.

En ese momento, unas uñas rosas me cogen del brazo.

—Mira, Lola, estos son Carlo, Ana y Tina —me dice Trixx, que está junto a un chico y dos gemelas—. Bebés, esta es Lola, la que vivía conmigo. Pero ahora pasa de mí porque se ha hecho famosa y sale en la tele.

Es increíble que «tele» siga siendo sinónimo de «famoso» aunque salgas en un programa a las tres de la madrugada de una autonómica sin fondos. Me río amargamente pensando en lo equivocada que está.

—Trixx, te lo cambio encantada, en la tele no nos dan vermut. —Y, dirigiéndome a sus amigos, añado—: Encantada.

—¿Cómo es tu Instagram? —me pregunta una de las gemelas a modo de saludo. Por el orden en el que las ha presentado, creo que es Tina, pero las dos van con falda color verde neón y si en algún momento cambian de posición las mezclaré para siempre.

—Ay, la tele, qué guay —me sonríe Carlo—. Yo no te conozco, pero es que yo no veo la tele.

—Pero ¡sabes quién es! —le apremia Trixx—. Viniste a casa cuando vivía con ella. ¿No te acuerdas?

—¡Ah! —exclama Carlo, pega una palmada y me señala—. Tú eres la que vomitó en la papelera de la cocina.

—La misma —contesto, y aprovecho que Carlo y Trixx se han puesto a hablar de sus buenos recuerdos del pasado para girarme hacia mi amigo el camarero—. Oye, al final sí que quiero catorce.

De momento me sirve uno, y cuando vuelvo a la conversación, Trixx ya no está. La gente tiene que dejar de hacer eso de irse de repente como si fuera Batman. Berta todavía no ha vuelto y es tan bajita que por mucho que mire por el salón jamás la voy a ver. Me resigno a escuchar a Carlo y a las gemelas. Una de ellas ahora tiene un vermut en la mano y están más separadas, así que ya no sé cuál es cuál.

—¿Habéis probado la crema esa viral? —pregunta Carlo, dirigiéndose a las gemelas—. Se supone que te deja la piel dorada y brillante, pero yo acabé amarillo, en plan «hola, soy un Simpson». —Se ríe muy fuerte de lo que acaba de decir—. Pero bueno, pagan, así que tendré que hacerles vídeo.

—Nosotras haremos también —dice Gemela Sin Vermut—. Una hará del antes y la otra del...

—Previo —acaba Gemela Con Vermut.

—No, una del antes y la otra del después —la corrige su hermana.

—Eso.

—Es que nos completamos las frases la una a la otra —me explica, orgullosa, Gemela Sin Vermut—. Porque somos gemelas.

—Qué guay —le digo.

—Tina a veces falla porque es la pequeña —continúa Gemela Sin Vermut, que acaba de revelarse como Ana. Al menos sabré cómo dirigirme a ellas.

—Ey —dice alguien a mi espalda. Berta lleva un vermut en una mano y una bandeja con *macarons* de colores en la otra. Es una bandeja grande en la que hay tres hileras, pero Berta la ha cogido como si fuera individual—. He encontrado comida, ¿quieres? Vaya baño tiene tu colega, por cierto. Es más grande que mi casa.

—Luego os veo —digo al grupo, esperando no tener que verlos en ningún momento. Ahora las dos gemelas llevan un vermut en la mano, así que vuelvo a la casilla de salida.

Paso el resto de la tarde cerca de mi zona de confort: la mesa larga con comida que han colocado en la terraza debajo de un toldo. Sí, Trixx tiene terraza y vive en un ático y yo ahora mismo me siento como Cenicienta en el castillo del príncipe. Al cabo de un rato veo a Carlo, que sale grabándose con el móvil y un foco portátil. Está contándoles a sus seguidores las delicias de «esta crema viral tan increíble que te deja la piel *golden glow*». Poco después, las luces de dentro de la casa se apagan y el DJ anuncia que quiere «*everybody hands up* por la cumpleañera». Berta y yo entramos justo a tiempo para ver cómo las gemelas dejan una tarta enorme con bengalas en una mesa que alguien ha colocado en mitad del salón.

—¡Hola a todos! —dice Trixx con el micrófono del DJ—. Quiero daros las gracias por haber venido y, además —hace una pausa—, me gustaría compartir algo con vosotros.

Todos los invitados la vitorean entre gritos de «guapa» y «alcaldesa».

—Me hace mucha ilusión contároslo porque vais a ser los primeros en saberlo. —La sonrisa de Trixx se amplía. Se sube a un puf cercano y se aclara la garganta.

—¡Bebé influencer! —grita alguien. El resto ríen. Me imagino un bebé con mechas rosas y botas.

Trixx niega con la cabeza, con la sonrisa aún más amplia.

—¡Voy a ser la nueva colaboradora de *Por la night*!

El salón estalla en gritos y aplausos mientras dentro de mí creo que estalla otra cosa. Me parece que todo se ralentiza. Veo un vermut sirviéndose a cámara lenta. La chica de mi lado posa para una foto y pone morritos a cámara lenta. Definitivamente no me siento como Cenicienta, me siento como uno de los ratones a los que obligaban a tirar de la carroza y a coser el vestido.

Me sacan de mi ensimismamiento los gritos de Carlo, que se ha acercado a Trixx y ha cogido el micro.

—Si es que nadie se lo merece más que tú —le dice precisamente él, que no ve la tele pero sabe quién merece estar en un programa y quién no—. ¡Por la mejor cómica de España!

Noto que alguien me pone una mano en el hombro.

—¿Estás bien? —pregunta Berta.

Si le digo que no, me quedo corta.

—Me hace mucha ilusión, nunca he hecho tele —anuncia Trixx—. Pero por algo se empieza.

Lo que para mí sería el absoluto Everest, para Trixx es un «por algo se empieza». Vale, no, no soy uno de los ratones de Cenicienta. Soy el gato gordo al que putean los ratones.

Me abro paso por el salón hasta llegar a la barra de vermuts y le pido a mi nuevo mejor amigo otro vaso «si puede ser, hasta arriba».

—Voy a ser para siempre una cómica de cajón de mandarinas —le digo a Berta, que me ha seguido.

Pego un sorbo al vermut y levanto la vista hacia Trixx. Cuando la miro, veo la versión de mí que podría existir pero que no existe. La versión que sale en un *late night*, la versión que tiene tantos seguidores que le regalan barriles de vermut, la versión que tiene un recibidor en el que cabe toda la vida de mi yo de ahora. La versión a la que le quedan bien las mechas rosas.

—No digas eso, saldrán otras cosas —me intenta animar Berta. Tiene la boca llena de algo. No sé cuándo le ha dado tiempo de ir y volver a por comida—. ¿Quieres que intente pillar una botella de vermut para luego?

—Por favor.

Cuando levanto el brazo para darle otro trago al vermut, reparo en el peso que la bolsa con mi regalo para Trixx ejerce sobre mi muñeca. No puedo irme sin dárselo. No, no puedo irme sin darle el regalo y sin felicitarla por entrar en el *late*. No puedo ser tan mala. Ha sido mi mejor amiga, la he querido mucho, es una tía increíble con una sonrisa que le llega hasta Murcia y que nos da vermut gratis. Además, me pasa unos stickers de gatos increíbles. Así que me acerco a ella y al séquito que la rodea.

—Trixx, enhorabuena. Es una pasada —le digo con sinceridad, dándole un abrazo que ella me devuelve con fuerza.

—¡Muchas gracias, bebé! Cuando me dijeron que tú habías hecho la prueba, me vi fuera. ¡Creí que te iban a coger a ti porque estás en *Enganchados* y haces tele! —exclama, eufórica.

No sé por qué ella sabe que yo también hice el casting, pero me vuelvo a sentir muy pequeña. Trixx está en el séptimo cielo, sonríe mostrando todos los dientes y se la ve feliz, pero yo lo único que soy capaz de oír es «Te he ganado sin tener experiencia».

—Me tengo que ir en nada, pero te he traído un regalo. —Finjo una sonrisa mientras le entrego la bolsa.

—Bebé, no hacía falta —me dice con una enorme sonrisa.

Cuando desenvuelve el libro, una mueca de desconcierto atraviesa su cara medio segundo, pero vuelve a cambiar rápidamente a su sonrisa enorme.

—¡Muchas gracias! —exclama abrazándome, no sé si para que no me dé cuenta de que no tiene ni idea de qué autora es.

—Te leíste el primero cuando vivíamos juntas —le recuerdo.

—¡Sí, claro! Me gustó mucho. Muchas gracias —ríe.

Carlo aparece de repente por encima de su hombro con el micro en una mano y un vermut en la otra.

—¿Más regalitos, Trixx? No me digas que es otro viaje, porque me pongo celoso.

Ella hace un gesto de quitarle importancia.

—Carlo y las gemelas me han regalado un viaje de dos semanas a Bahamas, están locos —ríe de nuevo.

—Y nos vamos todos con ella porque no se la puede dejar sola —añade Carlo, dándole un beso en la mejilla.

Siento como si le hubiera regalado una rata con un lazo en comparación con la sacada de polla que han demostrado Carlo y compañía con su viaje a una isla paradisiaca.

Sonrío apretando mucho los dientes y le señalo el libro a Trixx.

—Qué suerte, te lo podrás leer en el avión.

Me despido de ella con una promesa de «otro vermut pronto» y voy en busca de Berta. La encuentro en la esquina que da al recibidor con su jersey de colores mucho más abultado que cuando hemos venido. En cuanto me ve, se acerca a mí. Le cuesta andar erguida.

—Vámonos, corre —me dice.

Atravesamos la puerta sin decir nada más a nadie, y tan pronto como nos subimos al ascensor, Berta resopla y se agacha para sacar de debajo del jersey una botella de vermut. Se queda tan a gusto como si acabara de parir.

—No ha sido fácil —alardea mientras me pasa la botella para que la lleve yo—. Menos mal que le gustabas al camarero.

—¿Qué?

—Sí, me ha dado la botella a cambio de que le diera tu número. Me parecía un trato justo.

—Berta, te mato.

—También me pareció que ibas a enfadarte, así que te he robado esto —saca de debajo del jersey dos táperes hasta arriba de *macarons* y *sushi*.

Abro el táper y me como un *macaron* con rabia. El enfado más naíf de la historia. Justo entonces me llega un mensaje al móvil: «Hola, Lola, soy Julián, de producción de *Por la night*. Nos gustó mucho tu prueba, pero siento comunicarte que hemos elegido a otra persona. Un saludo».

DE CUANDO TENÍA UN TRABAJO NORMAL

Siempre he necesitado la aprobación de los demás para sentirme válida. Cuando dejé mi primer trabajo estable para dedicarme a la comedia, recuerdo que Trixx se sintió orgullosa de mí y eso me dio fuerzas para seguir por ese camino. No sé si ahora ella necesita la aprobación de todo su séquito cumpleañero para empezar a dedicarse a la televisión, pero, desde luego, la tiene.

Cuando empecé a ir a terapia, después de mucho tiempo, esfuerzo y sesiones en las que me preguntaba si mi terapeuta habría cotilleado el perfil de Instagram de mis exnovios —yo lo habría hecho—, recuperé algo de seguridad en mí misma. Empecé a tener más autoestima y, por supuesto, mucho menos dinero. De cada sesión salía con el bolsillo sangrando. «¿Es buen trato ganar seguridad a cambio de tener que comer arroz todo el mes?», me preguntaba a menudo. Ahora pienso que sí. No obstante, creo que la gente cuyos actos te han mandado a terapia debería por lo menos pagártela. Igual que hay una casilla de la Iglesia en la declaración de la renta, debería haber otra para destinar parte de tus impuestos a los chavales a los que hiciste *bullying*. «Marca la X para donar el 2 % para la terapia de Lola, se lo debes por haberla llamado "friki" todo 2.º de la ESO». No sé, esto debería pensarlo Pedro Sánchez, no yo.

Como alguien que necesita la aprobación de los demás, que me despidieran fue una de las cosas que más me afectaron psicológicamente. Sobre todo porque cuando sucedió aún no iba a terapia. Fue la época en la que vivía con Trixx, un año antes de que ella se convirtiera en la nueva influencer de moda, cuando yo trabajaba en aquel periódico que me había dado la oportunidad de conocer a Jero. Había meses que recibía la nómina y me sentía como un niño de un cuento de Dickens que tose entre la nieve y piensa: «El patrón es cada día más huraño», pero seguía siendo mejor que todos esos trabajos en los que me habían pagado con experiencia. Era bastante frustrante ir luego al Carrefour y ver que no te dejaban pagar con experiencia una lasaña congelada.

La jornada laboral en el periódico era de nueve horas, aunque si contamos las que pasaba en el transporte público para llegar hasta allí, ascendían a unas 246. Dos autobuses, dos transbordos en metro, un metro ligero y un último autobús formaban la condena diaria que me llevaba a mi puesto de trabajo. No sé si habéis disfrutado de las delicias del transporte público madrileño, pero no pasa un día sin que una vieja te golpee con su bolsa del Mercadona para llegar al asiento libre antes que tú, sin que el sobón del vagón decida que eres su próxima víctima, o peor, sin que alguien dé un concierto con una flauta de pan.

Una mañana llegué tarde al periódico y mi jefe se llevó las manos a la cabeza porque el *Huffington Post* había publicado antes que nosotros la historia de una rata gorda que se había quedado atascada en una alcantarilla y que habían tenido que rescatar los bomberos. Era verano y había más hambre de noticias que la que tenía esa rata.

—Necesitamos sacar algo con más información. Llama a Bomberos y pregunta cómo está la rata —me ordenó.

Sorprendentemente, lo hice. Y, más sorprendentemente aún, los bomberos no me mandaron a tomar por saco. De hecho, fueron muy rigurosos con su informe sobre la rata —«A las 14.06 recibimos el aviso de que una rata se encontraba obstruida en una de las alcantarillas de la calle Desengaño. A las 14.17 procedimos a la extracción del animal. A las 14.22 la rata fue liberada. A las 14.23 se comió el guante de un compañero»—. Acabamos publicando un artículo titulado «La rata de la alcantarilla de Desengaño, ¿víctima o verdugo?» que estuvo en portada hasta que el director nos llamó para preguntar por qué estaba «esa puta mierda» en su periódico.

—El *Huffington Post* también lo lleva —se defendió mi jefe.

Fue la noticia más leída del mes junto con un artículo con la solución del Wordle que había escrito Aida.

Aida era mi compañera de sección y mi mejor amiga en el periódico. Era un poco mayor que yo, acababa de tener gemelos con su mujer y guardaba varias cervezas «de emergencia» detrás de una muralla de táperes colocados por ella estratégicamente en la nevera de la redacción. Amaba escribir casi tanto como odiaba el periódico y odiaba el periódico casi tanto como odiaba a nuestro jefe. «No me puedo tomar en serio a alguien que está enfarlopado a las cuatro de la tarde», decía. Nuestro jefe, Cocaíno, solía organizar «comidas de trabajo» con sus «fuentes» casi todos los días y volvía a la redacción a las cinco serpenteando entre las mesas y agitando las manos mientras berreaba que tenía el mejor equipo del mundo. A veces berreaba «¡Me ha dejado mi mujer!», pero al rato todos hacíamos como que no había pasado nada.

El resto de la redacción estaba formada en su mayoría por periodistas de pura raza, es decir, señores que habían vivido su momento de gloria en el periodismo allá por la época en la que se acababa de inventar la imprenta y que resistían en su silla porque al periódico le salía más caro despedirlos que mantenerlos en nómina. Uno de ellos era El Yogures, un hombre de cincuenta y tantos que flotaba en un puesto intermedio entre subdirector y redactor jefe, un cargo inventado especialmente para tenerlo entretenido. El resto de la jornada laboral se dedicaba a llenar la nevera de la redacción con yogures que se había traído de casa hechos por él. Por supuesto, si tocabas los yogures de El Yogures, estabas muerto.

Cuando llegaba la hora de la comida, solía irme con Aida al único restaurante chino que había en diez kilómetros a la redonda. La redacción estaba en un polígono industrial a veintiséis años luz de Madrid, por tanto, las opciones para comer eran nuestro chino, una cafetería llena de gente que esperaba para renovar el DNI en la comisaría de enfrente o llevarte un táper de casa. Eso o robarle un yogur a El Yogures. Un día nos vimos obligadas a hacerlo: nuestro chino de confianza estaba hasta arriba de gente porque esa semana se había emitido el programa de *Pesadilla en la cocina* que habían grabado allí. Para cuando nos dieron mesa hacía veinte minutos que debíamos estar en la redacción. No tuvimos más remedio que coger un par de yogures de El Yogures para resistir el resto de la jornada. Esa misma tarde, toda la redacción recibió un dramático mail de El Yogures en el que pedía amablemente que se le devolvieran los yogures en un plazo de veinticuatro horas o se tomarían medidas disciplinarias. Por supuesto, el director pasó por completo de «esa puta mierda». Esa semana, Aida y yo repetimos la jugada un par de veces solo por molestarle.

Esta era mi situación laboral cuando empecé a hacer *stand-up*. Tras años devorando monólogos e intentando meter chistes en artículos que jamás llegaban a publicarse, decidí que quería probar suerte en el escenario. Yo, una persona que vomitó en secundaria cuando tuvo que hacer una presentación sobre la célula eucariota delante de toda la clase. Pero ansiaba el vértigo y los nervios que da dedicarse a lo que te apasiona, algo que se había esfumado por completo desde que descubrí que el periodismo no era *Spotlight*, sino fusilar artículos de medios extranjeros sobre cómo perder peso en una semana o sobre por qué las nutrias tienen una roca favorita —esto lo podéis buscar, creo que lo escribí yo.

Empecé a frecuentar las noches de micro abierto en bares del centro de Madrid. Eran cuevas de mala muerte mal iluminadas donde un lunes podías beber alcohol hasta la madrugada como si fuera sábado o como si, simplemente, tuvieras veinte años. Cuevas donde, si tenías suerte, las catorce personas del público te aplaudirían por pena cuando terminaras tus diez minutos, y donde después podrías esconderte en numerosos recovecos oscuros, comida por la vergüenza, hasta que vieras que a otro compañero le había ido peor que a ti. Me pareció el paraíso.

Durante esos primeros meses aprendí que todo lo que se contaba sobre los cómicos era cierto: 1) los micros abiertos son una excusa para beber entre semana; 2) todos se critican entre todos, pero solo por la espalda, y 3) creen que «Tu texto está guay, no parece de chica» es un cumplido de verdad. Pero yo me lo pasaba genial. A las siete de la tarde terminaba el mundo gris y aburrido del periodismo y a las ocho entraba en un vórtice de adrenalina y olor a clase de gimnasia donde te lo jugabas todo en diez minutos. Si había ido mal, te animabas con un par de cervezas frías en la barra y, si había ido bien, te recompensabas con un par de cervezas frías en la barra. Lo bueno, claro, solo fue al principio.

Dormir cuatro horas al día y llegar más de uno con resaca a la redacción terminó pasándome factura. Terminaba mis artículos lo más rápido que podía para sacar mi libreta y ponerme a escribir nuevos chistes que triunfaran en el micro abierto de esa noche. Me escabullía al baño durante cuarenta minutos para comentar con un colega una nueva premisa que se me había ocurrido o para discutir por qué no habían funcionado ciertos chistes la noche anterior. Pocos meses antes pensaba que el periodismo no me podía dar más igual. Me equivocaba. Ahora, ir a la redacción era un mero trámite antes de lo verdaderamente importante: el *open* de esa noche.

Por supuesto, no pasó mucho tiempo hasta que Cocaíno se dio cuenta de que no estaba rindiendo como antes. Tampoco pasó mucho tiempo hasta que llegó a oídos de El Yogures.

El día que me despidieron me pilló de resaca, envuelta en una sudadera y sujetando entre las manos un yogur de El Yogures que no me había dado tiempo a abrir. Cuando el director me sentó en su despacho y me dijo que habían decidido prescindir de mí porque mis últimos artículos eran «una puta mierda», me sentí mucho peor de lo que esperaba. Odiaba el trabajo, pero no estaba lista para que me dijeran que no lo hacía bien.

—Lola, la verdad es que desde el artículo de la rata gorda has ido hacia abajo —me dijo Cocaíno mientras yo recogía mis cosas de la mesa.

Aida miraba la pantalla de su ordenador muy cabreada. Ya nos habíamos despedido y me había dicho que así tendría más tiempo para invertir en mis monólogos, que me iba a ir genial y que por lo menos una de nosotras huía de aquí, pero eso no significaba que le apeteciera ver a Cocaíno fingir empatía mientras yo recogía mis cosas para irme y no volver.

Siempre había creído que, cuando te despedían, te daban una caja de cartón como en las películas, de la que sobresalía un flexo, una grapadora y una planta pequeña. Pero lo único que tenía para llevarme a casa era mi libreta de los chistes y un boli que no era mío pero que ahora iba a serlo. De hecho, estaba a punto de guardarme también el yogur, cuando apareció El Yogures, que me lo quitó de las manos, abrió la tapa y sacó una cuchara. Por supuesto, El Yogures siempre llevaba una cuchara encima.

—Por lo menos ahora se acabarán los hurtos en la redacción —dijo, ufano. Yo sabía que Aida se iba a encargar de que no fuera así.

Cogí mi bolso y le di un beso a mi ya excompañera. Ella abrió una de sus cervezas de emergencia que minutos antes había sacado de su lugar secreto de la nevera, se bebió media de un trago y dijo en voz alta:

—Pétalo y sácame de aquí.

Sin más preámbulos, pasé por delante de El Yogures para dirigirme hacia la puerta.

—Buena suerte —canturreó con la boca llena de yogur.

Sin pensarlo, me chupé el dedo y lo metí en el yogur. Removí hasta el fondo y miré a los ojos a El Yogures, que palideció horrorizado.

—Tengo herpes —le dije.

Ese fue mi último día en el periódico.

Un autobús, un metro ligero, dos transbordos y otros dos autobuses después de que me despidieran llegué al piso que compartía con Trixx. Ella estuvo un rato abrazándome mientras yo lloraba. Me sentía como una niña a la que habían castigado y mandado a su casa a pensar en lo que había hecho. Trixx canceló sus planes, pidió una pizza y puso el programa de los gemelos. Yo me sonaba los mocos mientras uno de ellos anunciaba que los propietarios iban cortos de presupuesto, pero que, gracias a la magia de la tele, habían podido construirles cinco cuartos de baño, dos piscinas y un campo de golf. Mi entonces mejor amiga me apretó la mano en señal de apoyo.

—¿Te puedo preguntar una cosa?

—Claro —contesté terminándome el rollo de papel higiénico.

—¿Por qué no te han dado una caja de cartón para que metas tus cosas, como en las pelis?

Al día siguiente dormí hasta las tres de la tarde. A Trixx le había dado tiempo a ir y volver del máster y a dejarme en la nevera una pizza de atún que había comprado para cuando me despertara. Ya no tenía esa sensación de niña castigada, pero tenía una peor: la de que no iba a poder llenar la nevera si no trabajaba.

Desayuné Miel Pops como si tuviera doce años y me quedé mirando a un punto fijo, todavía a medio despertar. La libreta de chistes y el boli robado me devolvieron la mirada.

—Vale —me dije—. Tengo que vivir de esto.

DE CUANDO TRIXX LO PETÓ Y YO LO LLEVÉ REGULAR

Jugar a Los Sims dejó de ser tan divertido cuando los hicieron lo suficientemente inteligentes como para saber salir de la piscina sin escalera. Por suerte, aún no han aprendido a salir de una habitación sin puertas. Creo que lo mejor de todo es que es un juego de simulación de vida en el que puedes crearte a ti mismo y hacer cosas que jamás harías en la realidad, como ser vampiro, tener dinero ilimitado o madrugar para hacer deporte.

Suelo jugar a Los Sims cuando estoy mal porque así puedo crear a gente más desgraciada que yo. Supongo que eso fue lo que hizo Dios. Todos somos sims en una partida universal que Dios ha puesto en modo libre albedrío y a la que entra de vez en cuando a ver qué tal, a hacer que alguien se líe con alguien o a quitar las escaleras de la piscina.

Ha pasado una semana y media desde que Trixx anunció que sería la colaboradora de *Por la night*. En este tiempo, ella ha salido en el programa dos veces. En este tiempo, yo me he comprado todas las expansiones de Los Sims. También le escribí el día que hizo su primera sección, pero no me contestó. Ahora es jueves por la noche y estoy en el sofá debajo de la manta. A mi alrededor hay cuatro envoltorios de Schoko-Bons. El resto de los envoltorios los he escondido para engañarme a mí misma y pensar que solo me he comido cuatro.

Estoy enfrascada eligiendo una planta carnívora para colocar en la habitación sin puertas, cuando llaman al telefonillo. No hago caso y, además de la planta, busco un bonito papel de pared. Voy a matar a mis sims, pero no voy a dejar que mueran en una habitación fea. No soy una psicópata.

El telefonillo vuelve a sonar, esta vez con un pitido que se alarga hasta el infinito. Me levanto de morros y descuelgo.

—¿Sí? —pregunto, aunque puedo ver por la pantalla perfectamente quién es.

Berta está en el portal con sus habituales catorce capas de ropa y un par de bolsas en las manos. Lleva un chupachup en la boca y ha puesto la cara muy cerca de la cámara, como si estuviera intentando verme a través de ella para saber por qué no contesto.

—Soy yo —dice, mostrando triunfal las bolsas que lleva—. Ábreme.

—Estoy ocupada —contesto. Aún me faltan muchas cosas que colocar en la habitación sin puertas.

—No me lo creo. Abre, he traído cerveza y chuches.

Pulso el botón y la dejo entrar.

Mientras Berta sube, aprovecho para volver al sofá y ver cómo va mi pequeña reinterpretación de *Saw*. En estos momentos, el sim que he creado con una cara muy similar a la de Octavio El Naranja está siendo devorado por la planta carnívora. Sonrío satisfecha y, justo después, me siento muy patética. Berta llama a la puerta.

—¿Te has fijado en que tu vecino el del chihuahua siempre está en el mismo sitio a la misma hora? —me pregunta a modo de saludo—. ¿Crees que oculta algo?

—Sí, una rutina —le contesto, pero pasa de mí y deja las bolsas sobre la mesa del salón.

—He pensado que estarías mal por lo de Trixx, así que te he traído un kit de emergencia —dice, tendiéndome una cerveza.

—Tranqui, estoy bien. Me hubiera gustado que me cogieran a mí, pero estoy bien —miento—. ¿Qué más has traído? —pregunto, husmeando en la bolsa—. ¡Te has comido la mitad!

—Claro, ¿tú sabes cuántos transbordos tengo que hacer para venir hasta tu casa? Me entra hambre. Pero, lo importante… —dice Berta, alzando la voz y blandiendo el chupachup como si fuera un cetro—. Esta noche salimos. He oído que los de *Por la night* van a ir a El Periquito a la noche de micro abierto. Tienes que pedir hueco para que te vean.

El Periquito Comedy Club es un bar en el centro de Madrid en el que organizan noches de micro abierto varias veces a la semana y que durante estos años se ha convertido en mi segunda casa. Pero hoy no quiero salir de la primera.

Agarro un cojín y me cubro la cara con él.

—Paso —digo, pero al momento me arrepiento—. Espera, ¿quiénes van?

—Todos. Corrales, el presentador, algunos colaboradores… Trixx prueba y van a verla.

Siento un miedo repentino y me avergüenzo de mi reacción. Después de que en *Por la night* la prefirieran a ella en vez de a mí, que ahora Trixx empiece a hacer monólogos me hace sentir amenazada. Quizá ahora los programadores también la prefieran a ella. Me imagino en un wéstern siendo el sheriff de un pueblo y diciendo que solo hay sitio para una, solo que, en vez de espuelas y pistola, tengo ansiedad y magdalenas.

—¿A qué hora es?

—A las ocho de la tarde.

—No puedo, a esa hora ponen *Equipo de investigación* —digo, y me doy cuenta de que, aunque sea un programón, es una excusa malísima. Si hay algo que me da más miedo que no conseguir mis sueños es conseguirlos. Me da un escalofrío porque seguramente exista una taza con esta frase.

—Va, vístete —me apremia Berta—. Y te invito a una cerveza.

Un par de horas después estamos en la barra de El Periquito sacando la cabeza entre una masa considerable de personas y esperando a que Mar, nuestra camarera de confianza, nos vea. Al final nos hace una seña con el dedo que en otros locales podría significar «un momento, por favor, voy de culo» pero aquí, y en nuestro código, significa «qué pasa, chochos, ahora os pongo vuestra cerveza y vuestro vermut de siempre».

—Mar, porfa, pásame la lista para apuntarme al *open* —le digo cuando nos sirve nuestras bebidas. Berta agarra el vermut con la misma avidez con la que un beduino del desierto se agarraría a una cantimplora.

—Imposible, chocho, está completo. —Se apoya en la barra, dispuesta a tener una conversación con nosotras aunque ello suponga tener a toda la zona norte del local esperando—. Han venido los del *late* y se ha corrido la voz. Todo el mundo quiere subirse, qué te voy a contar…

Resoplo y miro a Berta como esperando que su cara llena de vermut me dé una revelación.

—¿Quién presenta? —le pregunto con la esperanza de que sea algún amigo y/o conocido al que pueda rogarle que me deje subir aunque sea tres minutos de reloj, los suficientes como para hacer uno de mis bloques favoritos y fascinar a Corrales, el productor de *Por la night* y, por tanto, la persona que tiene la llave de mi felicidad.

—Eloy —contesta.

Eloy. Eloy Mi Ex El Mago©. Eloy Mi Ex El Mago© Desesperado Por Que Le Haga Un Poco De Caso. Perfecto.

—Pero está petado también de público. No puedo venderos entrada —continúa Mar, adivinando mis intenciones. Luego se despide de nosotras y se retira mientras grita un «Ya va, chocho» a un señor que vuelve a pedir su gin-tonic por tercera vez.

Al cabo de un rato se me ocurre algo.

—Voy al baño —le digo a Berta.

Bajo las escaleras que conducen al sótano donde, por lo que veo, ya ha empezado el micro abierto. Como ha dicho Mar, la sala está abarrotada, no hay ni un asiento libre y un par de grupitos se apelotonan de pie contra la pared del fondo intentando no derramar sus copas. Estiro el cuello por si veo a Trixx esperando para salir. Una parte de mí se muere de ganas de ver su monólogo y de recordar esos momentos en los que venía a mi habitación a consultarme si lo que acababa de inventarse era gracioso, pero la otra no podría soportar que le fuera bien. Intento no contaminarme pensando en ello y me centro en lo que he venido a hacer.

La voz nasal de Eloy a punto de dar paso al siguiente cómico «de esta noche de comedia de *juernes*» retumba en los altavoces colocados en la parte superior de las columnas, aunque se le escucharía perfectamente sin micrófono. No me sorprende verlo presentando justo esta noche en la que viene gente importante de público. Digamos que Eloy cree que ha nacido para «hacer feliz al mundo» con su arte, un arte que abarca desde los monólogos hasta la magia —que aúna en un show que ha llamado «Eloy… o el mañana»—, pasando por impro y guitarra y demás clases que le pagan sus padres. Como todos los hijos de padres ricos, se considera un alma libre, pero un alma libre con un ego desmesurado al que le vendría genial que le ficharan en *Por la night*.

Veo que lleva uno de sus 52 chalecos y que el pelo le ha crecido. Creo que está en ese punto en el que intentas dejártelo largo pero no adquiere una forma definida hasta que no alcanza una longitud considerable. Parece que tenga en la cabeza la seta del Mario Kart. Me escurro entre algunas filas de asientos y me escabullo al baño.

Mi plan es esperar aquí hasta que Eloy baje del escenario, salir a tiempo para interceptarlo y pedirle que me deje actuar unos minutos. El otro día me envió el emoji del sombrero de copa, lo que significa que está en esa etapa de intentar que yo «olvide el pasado y nos lo pasemos bien», así que debería ser fácil convencerlo.

Aprovecho que estoy en el baño para meterme en el cubículo y hacer pis. Al poco rato oigo unos aplausos amortiguados a través de la pared, lo que seguramente significa que Eloy acaba de terminar.

Me doy prisa para salir a tiempo. Y se ve que me doy demasiada prisa, porque me quedo con la manilla de la puerta en la mano. Vale que es un local de comedia y hay unos clichés que cumplir, pero no me esperaba que el baño se cayera a cachos. Dejo la manilla a un lado y empujo la puerta, pero no se mueve. Es entonces cuando me doy cuenta de que se abre hacia dentro y de que para salir necesito la ayuda de la manilla, que me mira riéndose desde la cisterna.

Mierda.

La cojo e intento encajarla en el hueco que ha dejado, pero, aunque lo consigo, el mecanismo no se activa. Empieza a recorrerme un sudor frío por la nunca. Muevo la manilla varias veces, como si cambiarla de posición y volver otra vez a la anterior fuera a servir de algo. Como cuando intentas meter un *pendrive* que nunca funciona a la primera, tampoco a la segunda, y a la tercera vuelves a ponerlo como la primera vez y ya entra. Pero a pesar de mi increíble idea, la puerta sigue sin abrirse. Empujo de nuevo por si acaso, no sea que las leyes físicas hayan cambiado en este rato. Nada. Golpeo varias veces por si hay alguien al otro lado.

—¡¿Hola?! —grito.

La necesidad de salir es mayor que la vergüenza de que un completo desconocido sepa que me he quedado encerrada en el baño.

Pero nada.

En un alarde de ingenio, cojo el móvil para escribir a Berta y que baje a buscarme. No hay cobertura.

Qué bien.

Decido esperar a que venga alguien. El local está hasta arriba, así que alguna persona vendrá aunque sea a echarse agua en el cuello para no desmayarse.

Al cabo de lo que parecen cuarenta y dos años, bajo la tapa del váter con la punta de las zapatillas para no tocar nada y me siento. Empiezan a flaquearme las fuerzas. Soy como los de La Sociedad de la Nieve, solo que ellos al menos tenían a alguien a quien comerse.

He visto a gente bebiendo pintas de cerveza, ¿cómo es posible que nadie tenga ganas de venir a mear?

Empiezo a pensar en el futuro. Ya no me visualizo fuera del baño. No recuerdo mi vida antes del baño. Viviré aquí, me casaré aquí y tendré hijos aquí. Todos tendrán la cabeza con forma de escobilla, pero yo los querré igual porque serán mis hijos. ¿Que con quién los habré tenido? No sé, aquí hay restos biológicos de sobra. Por lo menos acabo de comprobar mi teoría: si Dios existe, efectivamente juega a Los Sims y hace como yo: meterlos en habitaciones sin puertas y esperar a ver qué pasa. Esto es el karma. No sabía que hacer el mal en un videojuego influía en el karma, pero estoy viviendo en mis carnes las consecuencias. A partir de ahora me portaré bien: no encerraré a los sims en sitios, no atropellaré a nadie en el GTA y no me reiré de Magikarp cuando juegue a Pokémon. Por favor, sacadme de aquí.

Oigo unas voces al otro lado de la puerta. Salvada. El karma se ha creído que de verdad no voy a atropellar a nadie en el Grand Theft Auto. Grito «¡¿Hola?!» justo a la vez que las risas y los aplausos de la sala resuenan dentro del baño. Oigo pasos apresurados y una puerta que se cierra. Después de eso, me parece que pasan unos ciento veintisiete años. Me pregunto cómo será no volver a ver la luz del sol.

Se oyen más aplausos y puedo distinguir otra vez la irritante voz de Eloy. No sé a cuántos cómicos habrá dado paso ya, pero necesito salir y conseguir que me meta en la lista. Intento hacer palanca con el dedo en el hueco que ha dejado la manilla, pero no hay manera. No me puedo creer que me haya quedado encerrada en el baño como si esto fuera una *sitcom* barata. La impaciencia me puede y empiezo a aporrear la puerta mientras berreo como una descosida. Alguien tiene que pasar, aunque sea por fuera del baño. Golpeo la puerta repetidamente con las dos manos esperando estar molestando a alguna persona de las últimas filas para que venga y me abra.

Y, de repente, se abre.

Solo unos pocos centímetros evitan que me coma el quicio de la puerta, ya que me ha pillado por sorpresa. Delante de mí, unos brazos se elevan por el aire con una floritura triunfal.

—¡Tacháááán! —canturrea Eloy con una sonrisa de oreja a oreja.

—Joder —acierto a decir.

—Sabía que nuestros caminos se volverían a cruzar, Reina de Corazones.

—Eloy, necesito que me metas en la lista —digo de carrerilla, obviando cómo me acaba de llamar.

—¿En la lista de personas con las que me puedo acostar?

No hace falta, te encantará saber que ahora mismo no estoy saliendo con nadie.

Me dan ganas de encerrarme otra vez en el baño.

—Ja, ja, estupendo. En la lista de cómicos, Eloy —insisto tras fingir una risa que más bien ha parecido una arcada—. Tres minutos.

Eloy no se lo piensa.

—Apuntada. —Se dibuja en mi cara una enorme sonrisa que se desvanece segundos después, concretamente cuando Eloy continúa la frase—: Y, a cambio, tú y yo cenamos mañana.

—Mañana tengo podólogo —improviso—. ¿Cuándo actúo? ¿La última?

Pero entonces reparo en el barullo de fuera. El público lleva un rato abandonando sus asientos y se dirige en manada al piso de arriba para reabastecerse de cerveza.

—Acaba de terminar —dice Eloy, confirmando mis temores—. Pero estás apuntada para la semana que viene.

No me lo puedo creer.

—No me lo puedo creer —digo en voz alta—. ¡No me lo puedo creer! ¡¿Quién ha diseñado este baño?!

Salgo hacia donde hace un rato estaba el público, con unas ganas enormes de romper algo.

Eloy camina detrás de mí.

—Una pena, ha sido una noche genial para todos, el público estaba a tope —relata, gustándose mucho—. Han venido los de *Por la night* y se han quedado encantados conmigo.

—¿Ah, sí? —digo con genuina sorpresa, aunque creo que también me ha salido un gruñido.

Eloy se apoya de forma teatral en las escaleras.

—Sí. Me ha parado Corrales cuando he bajado. Sabes quién es, ¿no? El jefazo. Se ha quedado mi contacto para trabajar juntos en un futuro... —dice casi relamiéndose—. Cree que puede salir algo provechoso.

Genial.

—Increíble —se me escapa. Estoy muy frustrada y muy enfadada. Lo malo es que, una vez abierta la veda, soy incapaz de cerrarla—. Pues sí que tiene que estar desesperado Corrales con el *late* de los cojones si tiene que contratar a un puto mago.

Me doy la vuelta para subir las escaleras y, como si el karma quisiera actuar ahora, me choco con alguien que las acaba de bajar. El líquido que había en su copa ahora se reparte entre su camisa y mi brazo derecho y me gotea hasta las zapatillas. Levanto la cabeza dispuesta a cagarme en todo lo que pueda y veo que Corrales me mira con una expresión que soy incapaz de descifrar. La ira se me apaga como quien acaba de tirar un cubo de agua sobre una hoguera. Por no tener, creo que no tengo ni color en la cara. Intento balbucear un «perdón» mientras me aparto. No sé cuánto ha oído.

—Ay, Juan, permíteme —salta Eloy, que se apresura a sacar un pañuelo del bolsillo de su chaleco. Una parte de mí esperaba que sacara una hilera de pañuelos de colores.

Aprovecho que Eloy ha entrado en escena y huyo como una rata escaleras arriba, pero me cuesta. Mis piernas tiemblan más que un chihuahua en una *mascletà*.

—Pero ¡¿dónde estabas?! —me grita Berta, vocalizando regular. Veo que hay cinco vasos vacíos en su mesa—. Mira todo el vermut que me he tenido que beber por tu culpa.

—Es el peor día de mi vida —gimo, apoyándome en su silla.

—Va, dramática. ¿Qué ha pasado? ¿No has podido actuar?

—Le he tirado un cubata encima a Corrales y le he dicho que su *late* es una mierda.

—Tienes razón, tu mejor día no es.

Resoplo y me giro por si se acerca Corrales, pero a quien veo es a Trixx, que está hablando con otros dos colaboradores de *Por la night*. Nuestras miradas se encuentran, pero ella rápidamente vuelve a posarla sobre Colaborador 1 antes de soltar una gran risotada.

Berta se levanta.

—Vámonos. Conozco un sitio de empanadillas que está abierto. Por cierto, ¿sabes que hay una alta probabilidad de que aún no hayas vivido el peor día de tu vida? Lo leí en *Muy Interesante*.

DE CUANDO ME SUBÍ AL DRAGON KHAN

Jero ha sido durante años una obsesión Dragon Khan, de esas que suben y bajan según la época, con tramos tranquilos, pero con otros que te ponen el estómago del revés. Han pasado años desde la última vez que nos acostamos y los dos hemos tenido otras relaciones. Hemos estado meses sin hablar, luego nos hemos reencontrado en un bar y la chispa ha vuelto a encenderse y a apagarse al día siguiente. Sin embargo, yo juego con dos desventajas: la primera es que si yo rehago mi vida, él no se enterará por el *¡Hola!*, como me pasó a mí cuando él empezó a salir con una de sus últimas novias de veinticinco años; y la segunda, que él, un día que esté en el sofá digiriendo una mala noticia con ayuda de un helado y con la guardia baja, no corre peligro de verme mientras hace *zapping*. Bueno, podría verme en *Enganchados* si justo su momento de tristeza autodestructiva coincide con el único día que voy de colaboradora y, claro, le pilla a las nueve de la mañana, pero hay pocas posibilidades.

Sujeto la cerveza con una mano y el Häagen-Dazs con la otra y Jero me mira con una blanqueada sonrisa de oreja a oreja desde la pantalla, explicándome quiénes son los concursantes que se enfrentarán esta tarde para ganar un bote de una cantidad que se traba al pronunciar pero que poca importancia tiene, porque todas las abuelas del público le ríen su encantador tropiezo como si fuera el marido, el nieto o el bisnieto que nunca tuvieron.

—Ni se te ocurra escribirle —dice de repente el helado—. Ya le dijiste que fuera a *Enganchados*.

—Sí, y te contestó —responde la cerveza, provocadora e imprudente.

—Pero solo un emoji —contesta el helado.

—Es un hombre ocupado —replica rápidamente la cerveza, que parece tener muy claro lo que quiere que yo haga—. Si no quisiera nada, no le contestaría ni un emoji.

Ahí tiene razón. Dejo el helado en la mesa y cojo el móvil.

—Qué buena idea, ¡escríbele para quedar! —exclama, contenta, la cerveza—. Y así podéis recordar viejos tiempos.

—Pero si no os habéis visto en meses —dice con un hilo de voz el helado—. Y te da cosa decirle de quedar solos, ¿a que sí? Sería como una cita. Y seguro que dice que no.

Me detengo al instante porque, aunque me cueste reconocerlo, creo que el inseguro del helado ha dado en el clavo, así que vuelvo a dejar el móvil en la mesa. Sin embargo, la cerveza me mira de cerca mientras la sujeto con la otra mano.

—O… —comienza, zalamera—, podrías decirle que vas a estar en un bar con unos amigos. Ese bar en el que os habéis visto alguna vez.

—¡Pero no va a ir con nadie! —insiste el helado, asustado, desesperado por mantenerme en casa—. Le da vergüenza decirle nada a Berta, ¿a que sí? Porque no lo va a aprobar.

—Exacto. Lola irá sola y así, cuando él aparezca, estarán solos. Es perfecto.

El helado me mira con tristeza.

—No va a salir bien.

—Calla, incel —zanja la cerveza.

«Ey, voy a estar en el Andrómeda con unos amigos, avisa si estás por ahí», le escribo a Jero casi sin pensar. En cuanto le doy a «enviar», salgo disparada del sofá y voy a vestirme. El programa no es en directo, así que hay posibilidades de que Jero esté disponible para salir. Además, me vendrá bien despejarme, pienso para acabar de convencerme de que esto es una buena idea y no un episodio de locura transitoria propiciado por mi bajo estado de ánimo de estos días. Desde que le tiré el cubata encima a Corrales he estado encerrada en casa barajando posibles soluciones: desde mudarme a México — «Allí también tendrán *late nights*», pensé—, parando a mitad de camino en una gasolinera para teñirme el pelo, hasta intentar convencer a Berta de que le dijera a Corrales que el cubata en realidad se lo tiró Eloy en una suerte de juego de ilusionismo que hace a veces porque es mago. Pero finalmente opté por la solución número tres: el pack de cerveza y helado que estaba de oferta en el Aldi de debajo de casa.

Corro al armario para elegir el conjunto adecuado. No me voy a poner la camiseta del grupo favorito de Jero, la que me compré en uno de los conciertos a los que fui solo por estar con él, porque no quiero que piense que estoy desesperada, reflexiono mientras me preparo para irme a un bar sola. Mientras decido qué tonalidad de pintalabios rojo es más sexy pero no tanto como parecer que me estoy insinuando, me asalta la duda. ¿Qué estoy haciendo? ¿En serio voy a irme sola a un bar a ver si aparece este tío con el que no he hablado en meses?

«¡Y otros cuarenta puntos para el equipo azul!», anuncia Jero como respuesta desde la televisión, como si mi pensamiento hubiera sido el correcto.

Lo tomo como una señal, dejo el pintalabios en el estuche y me vuelvo al sofá a coger el mando para cambiar de canal.

Pero entonces suena el móvil.

El emoji del pulgar hacia arriba.

El corazón me va a mil mientras miro atentamente su mensaje, tratando de descifrar tan complicada imagen. El pulgar hacia arriba significa «OK», sin ningún tipo de duda. Pero OK ¿a qué? ¿A que viene seguro? ¿A que me avisa si luego puede pasarse? ¿A «Buena idea, voy para allá ahora mismo, siento mucho no haberme dado cuenta antes de que eras el amor de mi vida»? Podría preguntárselo, pero no lo hago porque si hay algo que no quiero es parecer desesperada.

Tras unos minutos eligiendo el rojo adecuado, salgo de casa.

Me he sentado en uno de los taburetes de la barra porque me da la sensación de que la imagen que transmito aquí es la de una mujer misteriosa y sensual, y no la de una desdichada a la que hace tres horas que han dejado plantada, como parecería si estuviera sentada a una mesa. A pesar de la imagen misteriosa y sensual que transmito, me da vergüenza establecer contacto visual con los grupitos que hay alrededor por si se dan cuenta de que, efectivamente, no soy ni misteriosa ni sensual, así que llevo unas tres horas mirando el móvil muy concentrada, como si lo que me ofrece la pantalla fuera mucho más divertido que cualquiera de las cosas que se están cociendo en el bar. De vez en cuando alterno la consulta al móvil con un sorbo de cerveza. Hace ya un rato que no me quedan nuevas publicaciones de Instagram que ver, así que vuelvo a beber de la cerveza número tres y decido que es el momento de darle un empujoncito a Jero: «Ey, aún estamos por aquí», y añado el emoji del guiño que creo que, aunque sutil, refleja claras mis intenciones. No he mentido diciéndolo en plural, pienso, si me cuentas a mí y a las cervezas.

Unos minutos antes me ha escrito Berta diciéndome que me acercara al centro, que le está cuidando la iguana a una influencer que se ha ido el finde de viaje y en el sótano de su casa ha descubierto una minibolera, pero le he dicho que estoy ocupada. Berta nunca ha aprobado a Jero. No sé si porque me saca veinte años, por su ahínco en salir con chicas que no sobrepasan los veinticinco —«Es como si le hubiera mordido DiCaprio»— o porque desde que la conozco, Berta ha sido la que, cuando he bajado del Dragon Khan, me ha sujetado el pelo para que pudiera vomitar.

—O porque nunca te hace caso —me dice mi tercera cerveza de la noche.

—Sí que le hace caso —le responde el chupito al que me ha invitado hace un rato el señor con sombrero de cowboy que está dos taburetes más allá—, pero es que está ocupado.

¿Te acuerdas de cuando quedaban? Se notaba que Lola le gustaba. —El chupito me mira, soñador—. ¿No te acuerdas de cuando te decía que eras muy madura para tu edad y cuando te pasaba canciones para enseñarte lo que era la música de verdad? Eso es que tenía interés.

Recuerdo a Jero buscándome en redes después de la entrevista, preguntándome qué música me gustaba; recuerdo a Jero pasándome enlaces diciéndome qué era lo que tenía que escuchar si quería escuchar algo bueno; recuerdo a Jero bromeando sobre que la edad es un número y que, si contábamos la edad mental, él era mucho más joven que yo; recuerdo a Jero preguntándome que cuándo íbamos a vernos; recuerdo a Jero interrogándome sobre qué series me gustaban y diciéndome cuáles me iban a gustar a partir de ahora; recuerdo a Jero llevándome a cenar; y recuerdo a Jero llevándome a su casa, haciendo bromas, soltando entre risas: «A ver si no me detienen».

Lo que no recuerdo es que han pasado seis años y, desde luego, no recuerdo que ahora no estamos en el giro más alto del Dragon Khan. Ni siquiera se me pasa por la cabeza que igual Jero ya ni está subido al Dragon Khan, que igual donde está es en la atracción de las tacitas que giran, rodeado de chicas veinteañeras que orbitan a su alrededor una y otra vez.

Abro su conversación de WhatsApp, donde todavía no me ha respondido al mensaje que le he mandado hace una media hora, y le envío el emoji de un tambor, cosa que tiene sentido porque antes hablábamos mucho de nuestro batería favorito. Pero al enviarlo se me antoja frío, así que decido añadirle el emoji del gato sorprendido.

—¿Por qué no miras a ver qué más emojis le puedes enviar? —me pregunta el chupito, que tiene más ganas de jarana que Cerveza 3.

Tiene razón. Seguro que cuantos más emojis le envíe, más gracia le hará. Seguro que se pasa por aquí a tomar una aunque sea por las risas. «Qué bueno ha sido cuando me has enviado el emoji del gato», me dirá al llegar.

Le envío el emoji del martini, para que vea lo bien que mis amigos y yo lo estamos pasando. Le envío el emoji del angelito. Le envío el emoji del payaso y el de la flamenca y el del brazo robótico y el del mono que se tapa los ojos y el de la seta y el de la luna que mira para un lado y un par de los emojis del melocotón.

—Perdona, estamos cerrando.

Levanto la vista justo cuando estaba a punto de enviar el emoji de una espada y veo que el camarero está a mi lado apilando las sillas de las mesas. Ni siquiera me había dado cuenta de que la gente se había ido.

—Ah, perdona —balbuceo mientras trato de bajar del taburete.

Me apoyo en la barra y veo una Cerveza 4. Las matemáticas nunca han sido mi fuerte y, al parecer, controlarme bebiendo, tampoco.

—Oye, ¿tú eres esa que sale en el programa de las mañanas? ¿El del perro que hizo skate? —El camarero me mira sonriente. Se ha acercado a mí, pero le veo un poco inclinado, o puede que la que esté inclinada sea yo—. ¿Me puedo hacer una foto contigo? —me parece que pregunta, pero el bar me empieza a dar vueltas y mi total atención está puesta en no caerme al suelo—. Me molaría tener un recuerdo tuyo.

«Claro», voy a decirle, «encantada, qué ilusión». Pero cuando abro la boca, lo que salen no son palabras de agradecimiento, sino todo el alcohol que llevo en el cuerpo desde las ocho de la tarde, que aterriza en forma de vómito en los zapatos del camarero.

Puto Dragon Khan.

DE CUANDO NO FUE
UN CAJÓN DE MANDARINAS

Actúo en treinta minutos en la plaza mayor de este pueblo a las afueras de Madrid, pero llevo cuarenta y cinco replanteándome mi existencia. Estoy detrás del escenario, sentada en el único sitio disponible: una de las cajas donde los técnicos guardan el equipo de sonido. En este caso, el técnico, en singular, un chaval de unos veintitantos que me ha preguntado si quiero que me ponga la última de Quevedo para empezar la actuación y que me ha ofrecido un poco de su bocadillo de chorizo.

Sorprendentemente, sí, esta vez hay un escenario al que me puedo subir para hacer el monólogo y no un cajón de mandarinas, como suele ocurrir. Concretamente, una estructura de andamiaje que colocaron en la plaza mayor del pueblo hace unos cuatro meses, al principio del verano, cuando vino Merche a dar un concierto y que, aunque ya hayan terminado las fiestas, permanecerá aquí hasta que al alcalde no se le ocurra con qué aprovecharla. Fue hace un mes cuando dicho alcalde contactó con una productora para pedirle que viniera Leo Harlem a hacer un monólogo. La productora, tras escuchar el presupuesto con el que contaban, se rio y contactó conmigo. Todo sería bastante decente si no llevara tres cuartos de hora compartiendo un bocadillo de chorizo con mi nuevo amigo el técnico porque no ha llegado nadie con las llaves del camerino. En este tipo de bolos al aire libre, los camerinos suelen ser un módulo prefabricado lo suficientemente grande como para albergar una nevera con cervezas y un par de sillas de plástico, una escena que ahora mismo se me antoja paradisiaca.

Es viernes y en un par de horas empezará *Por la night* y, aunque antes nunca me lo perdía, estas últimas semanas no lo he visto. Cuando Trixx entra en el plató para hacer su sección y se sienta en el sofá al lado del presentador, me viene la misma sensación amarga que cuando ves que el que te gusta ha subido una foto con una chica. No sé cómo de sano es comparar un programa de televisión con una relación sentimental, supongo que no mucho. Es una de las dos razones por las que he dejado de verlo. La otra es que una parte de mí aún albergaba un hálito de esperanza al recordar las palabras del señor de producción: «Nos gustó mucho tu prueba». Estos días he estado pensando que había posibilidades reales de que me llamaran para grabar cinco minutos de monólogo, un segmento del programa que *Por la night* ha calcado de los *late nights* estadounidenses y que nos viene de fábula a los cómicos de *stand-up* por dos motivos: 1) hacer un monólogo en televisión y 2) poder comer caliente una semana. Pero al poco tiempo mi fantasía se rompió más rápido que un jarrón caro en una casa con gatos: me había metido con el programa delante de Corrales.

—Pero si ya está aquí la chica de la tele, qué puntual. —Una enérgica voz me saca de mi ensimismamiento. Levanto la cabeza y veo que se me acerca un hombre de unos cincuenta, con unas llaves en una mano y un vaso de plástico en la otra. Le sigue un grupo de gente con una camiseta igual que la que lleva él y unos vasos tan a rebosar como el suyo—. Soy Manuel, de la comisión de festejos, y esta panda de impresentables, más de lo mismo —dice entre risas para presentarme a su séquito.

—Encantada —digo con lágrimas de emoción al ver las llaves—. ¿Podemos abrir el camerino? Tengo que empezar enseguida.

—Claro, claro. Ya verás, te hemos preparado de todo, que no te falte de nada.

Pienso que una silla en la que estar tranquila repasando el texto y una Coca-Cola me bastarían, pero no digo nada porque no quiero quitarle la ilusión. Manuel, que huele a alcohol puro, abre la puerta y entra delante de mí. En el módulo que hace las veces de camerino hay lo esperable: tres sillas que antaño fueron blancas pero que ahora tienen una tonalidad entre amarillenta y grisácea —un color que creo que no existía hasta ahora—, una pila de vasos de plástico, un grifo de cerveza y una nevera tipo arcón a la que Manuel va directo.

—¿Qué quiere beber la señorita? Aquí hay vodka, ron, tequila… —enumera mientras rebusca con una sola mano, porque con la otra sigue sujetando su preciado vaso.

—De momento nada, gracias. Voy a prepararme un poco antes de salir —le corto mientras dejo mi bolso sobre una de las sillas.

Lo abro para sacar mi libreta y el móvil para cronometrarme justo cuando oigo una muchedumbre a mi espalda. Cual estampida de *Jumanji*, el resto de los integrantes de la comisión de festejos se han abierto paso por la estrecha puerta de mi camerino y se han arremolinado alrededor de la nevera y del grifo de cerveza. Manuel reparte vasos de plástico y otro hombre mete medio cuerpo dentro de la nevera para darle el relevo. Lo que debía ser mi remanso de paz previo al show se ha convertido en una manada de señores berreando que les echen más vodka en el vaso.

—Manuel, perdona... —Intento ir hacia él para decírselo, pero me tengo que conformar con vociferar desde dos cuerpos más atrás, ya que el lugar donde está, junto al grifo de cerveza, es el más codiciado y todo el mundo quiere llegar hasta él—. Gracias por organizar todo esto, pero estoy a punto de actuar... —Y gesticulo señalando a nuestro alrededor, esperando que pille mi sutileza y no tenga que decirle: «Saca de mi camerino a tus amigos borrachos».

—Eh, eh, calma, chavales, tiene razón —vocifera Manuel, agitando los brazos. Su llamada a la calma funciona porque los berridos parecen reducirse medio decibelio—. ¡La chica de la tele no tiene cerveza todavía!

Los berridos aumentan de intensidad otra vez, pero ahora con una tonalidad más festiva, lo que creo que significa que tiene razón y que dan su bendición para que me sirva antes que a ellos. Alguien me empuja hacia delante y me abro paso entre dos barrigas como si fuera un estrecho pasadizo de carne sudada.

—¡Que a la chica de la tele no le falte de nada! —grazna Manuel, y me tiende un vaso con cerveza. Cada vez tengo más claro que se dirige a mí como «la chica de la tele» porque no sabe cómo me llamo.

—No, no, qué va, no bebo antes de actuar —miento, porque obviamente lo he hecho cientos de veces.

Lo que desde luego no he hecho cientos de veces es beber como un cosaco delante de la persona que me ha contratado, aunque al momento descubro que aquí se considera de mala educación no hacerlo. Así me lo hacen saber los berridos de antes, esta vez con un deje tristón que deja entrever que no les ha gustado mi respuesta.

—¡Pero si vas a actuar para esta panda de desgraciados! —vocea Manuel como argumento irrebatible.

Nunca nadie había hecho tanto honor al dicho «si no puedes con tu enemigo, únete a él» como yo cuando me acabo la cerveza de un trago. Mi ansiedad está gritando desde la boca del estómago y es la única forma que encuentro ahora mismo de aplacarla. Quedan unos quince minutos para salir al escenario a entretener a las veinticinco señoras y a los treinta borrachos que calculo que habrá de público repartidos en sillas plegables, y salir completamente alcoholizada, como sugiere Manuel, me empieza a parecer una idea increíble.

—Chica de la tele —balbucea un hombre con la misma camiseta de la comisión de festejos que lleva todo el mundo, al que llamaré Manuel 2—. No bebes, pero en la tele bien que os drogáis, ¿eh?

Su comentario provoca la quinta tanda de berridos de la noche, esta vez con una nota jocosa.

—No, hombre, esta no se mete nada, se la ve buena niña —salta un socarrón Manuel 3, que se distingue de los otros dos porque lleva coleta.

En este punto tengo dos opciones: o bien tirarme el farol de que cada mañana en el plató de *Enganchados* celebramos el increíble Festival De La Coca, o bien decir la verdad, que la droga más dura que me meto es un orfidal para dormir, y darle la razón al imbécil de la coleta. Decido no decir nada y soltar la risotada más falsa de mi vida.

—Yo también soy bueno, que soy padre de familia —insiste Manuel 3 antes de acabarse el gin-tonic y pedir otro—. El quinto y ya, que hay que ser responsable.

Cuando me doy cuenta, quedan cinco minutos para que mi amigo el técnico ponga el temazo de Quevedo para recibirme en el escenario. Cojo la libreta y la cerveza y busco un sitio donde colocarme para poder repasar. Dos de los lados del camerino están completamente ocupados por los de la comisión de pellejos que se agolpan sobre la nevera y el grifo de cerveza y, de las tres sillas que habían habilitado, dos están ocupadas. En la tercera está mi bolso, que ahora agoniza sobre un charco de cerveza que alguien ha derramado en algún momento. No me queda más remedio que salir de mi propio camerino y volver a sentarme sobre la caja de mi amigo el técnico. Desde detrás del escenario veo las primeras filas. Mi público de hoy es el esperado: matrimonios entre los setenta y la muerte y algún grupo de adolescentes que harían lo que fuera por volver tarde a casa. Por supuesto, faltan por unirse todos los que ahora están emborrachándose en mi camerino.

Dos minutos para empezar. Miro la libreta desesperada buscando un chiste que me ayude a arrancar. Las risas del camerino llegan hasta aquí y yo respiro hondo para calmar la ansiedad.

—Cómo os lo pasáis los cómicos —dice mi amigo el técnico con un bufido que delata una envidia real—. Tiene que ser guapísimo tener tu curro.

En comedia se usa mucho el término «remar». Con él nos referimos a esas noches en las que ningún chiste funciona y es prácticamente imposible arrancar una carcajada o un aplauso del público. En esos momentos no te queda otra que seguir adelante hasta terminar tu actuación aunque tengas la sensación de estar hablando delante de un montón de maniquís de El Corte Inglés. Dicho esto, hoy no solo he remado. He remado, he tirado los remos por la borda, luego me he tirado yo, y me parece que un atún me ha dado una bofetada.

No sé bien cuál diría que ha sido el peor momento de la noche, si las catorce veces que han interrumpido los adolescentes hablando entre ellos a grito pelado, si ver a todos los abuelos con los brazos cruzados muy fuerte por encima del pecho durante cincuenta y tres minutos o cuando, al poco de haber comenzado, han llegado varias chicas tirando un par de sillas mientras chillaban «¡Viva la novia!».

Acabo de bajar del escenario. Estoy completamente sudada y agotada y me escuece la garganta de haber gritado en los últimos minutos en un intento de captar la atención de mi entregado público. Mi amigo el técnico me choca la mano.

—Que sepas que yo me he reído mucho —me dice, dando a entender que ha visto que el público no.

—Gracias —gruño con la poca voz que me queda.

Me voy directa al camerino a por dieciocho cervezas. Ahora ya no hay nadie porque están todos delante del escenario. La comisión de pellejos ha llegado a la mitad del show y, aunque apenas podía ver por los focos que me apuntaban, el olor a alcohol y los berridos varios los han delatado.

Bebo un trago largo y respiro. Me encanta subirme a un escenario. Recordemos que encima este ha sido todo un lujo: un escenario de verdad, no una caja de mandarinas. Pero a veces es demasiado. Demasiado exigente y demasiado destructor.

—Oye, chica de la tele, muy guay —escupe Manuel 2, que acaba de entrar en el camerino tambaleándose—. Esperaba que hablaras de la regla o de cosas de tías.

—¿Dónde está Manuel? —le pregunto, obviándolo. Mi única intención ahora mismo es irme al hotel y meterme en la cama y, sobre todo, no socializar con nadie.

Manuel 2 emite un gruñido que deduzco que es de llamada a su manada, porque a los pocos segundos aparecen por la puerta Manuel 1 y Manuel 3.

—Hazme una foto con la chica de la tele —pide Manuel 2, que se coloca a mi lado sin tan siquiera mirarme. Manuel 1 hace varias fotos y, cuando termina, le pasa el móvil a Manuel 2, que mira la pantalla contento—. Yo no salgo muy bien, pero la chica de la tele sale muy guapa.

—Es que, claro, siendo guapa, normal que esté en la tele. A ti y a mí no nos cogerían, cabronazo —ríe Manuel 3, dando por hecho que si él se cortara la coleta y fuera al gimnasio, automáticamente aprendería a hablar delante de una cámara.

—Manuel, ¿cuál es el hotel que habéis reservado? Me gustaría acostarme ya —los interrumpo.

Manuel 1 suelta una risotada.

—No, hotel aquí no hemos cogido.

—¿Cómo que no? La productora me dijo que había alojamiento —salto yo, dispuesta a buscar el mail con las condiciones que hablé con la chica de la productora: transporte de ida y vuelta y alojamiento.

—Sí, claro, alojamiento tienes. En casa de Borja —dice, refiriéndose a Manuel 2—, que es de la comisión de festejos y, oye, ¡su casa es tu casa! Tiene un sofá cama que ya lo quisiera la Preysler. ¡A la chica de la tele que no le falte de nada!

Manuel 2, al que prefiero seguir llamando así, sube su vaso en señal de afirmación.

—Eh, y si prefieres la cama, a mí no me importa compartir —dice, provocando las carcajadas de los otros Manueles.

Prefiero tener que volver a salir al escenario otros cincuenta minutos con un cactus en el ano que dormir en casa de este señor. Se lo hago saber a Manuel 1 aunque no con estas palabras:

—Da igual, estoy bastante cansada y mañana madrugo. Si me puedes llamar al taxi ya, casi que mejor.

Manuel 1 pega una de esas risotadas que no auguran nada bueno. Se asoma por la puerta del camerino y grita:

—¡Manuel! —dice otro nombre, pero yo oigo eso—, ¿cómo vas para llevar a la muchacha?

Oigo que Manuel 4, al que vislumbro a la cabeza de una conga y con un vaso de tubo en cada mano, aúlla un «Mañana, hombre, mañana» antes de ordenar a la conga que dé media vuelta.

—Pues tu carruaje no va a estar disponible hasta mañana —zanja Manuel 1 mientras me tiende una cerveza—. Venga, mujer, que eres joven, dale a la *cervecica* y disfruta un poco.

Me llevo la cerveza sin decir nada y salgo del camerino para buscar un poco de soledad y trazar un plan. Busco en el móvil lo que me costaría un taxi de aquí a Madrid y al momento desecho la idea, pero luego vuelvo a abrir la página y me lo pienso. Me cortaría la mano derecha por dormir hoy en mi cama. O incluso en el sofá de la casa que haya okupado Berta esta semana.

Entonces caigo. Berta.

—Tía —digo nada más descuelga el teléfono—, necesito un *favorazo*.

He estado esperando en el único bar de la plaza hasta que, hora y media después, un Ford Fiesta destartalado y sucio ha hecho su entrada triunfal derribando uno de los geranios de la puerta. No me apetecía tener rondando a los cuatro Manueles, así que he ido a beber al primer lugar que he encontrado, donde me han ofrecido una tapa de ensaladilla que fue cocinada en 1945 y me han amenizado la noche con una televisión colgada del techo que ha comenzado a emitir *Por la night* a los veinte minutos de sentarme. Después de aparcar, Berta ha bajado del coche de la misma forma que Doc baja del DeLorean, me ha asegurado que no va muy fumada aunque cree que le han puesto una multa, pero que no pasa nada porque ya se la pagaré, y, tras colocar el geranio en su sitio, nos hemos ido en su cafetera a motor.

Berta se ha hecho dos coletitas que apenas le llegan por la barbilla y lleva un peto de color rosa. Siento que me está llevando en coche una niña de tres años. Una niña de tres años a la que le debo la vida.

—Nunca más —le digo a Berta. Nos debe de quedar algo más de media hora para llegar a Madrid y llevo todo el camino quejándome. Sería hasta divertido verme rumiar hora y media mientras miro a mi salvadora detrás del ambientador de pino que bambolea en cada curva si no me diera miedo lo que estoy pensando—. Creo que me estoy desencantando de esto.

—¿De qué? —inquiere Berta, a la que pitan tres coches justo cuando se gira para mirarme.

—De la comedia. Del *stand-up*, de la tele, de todo —empiezo a escupir. Berta se ríe muy fuerte y atraviesa una rotonda en diagonal.

—¿Cuántas veces has dicho eso y luego te has vuelto a enamorar? —No contesto porque estoy frustrada, pero sé que tiene razón—. Tú por lo menos tienes claro lo que quieres, yo llevo cuarenta y tres trabajos y no me llena nada. —Derrapa en una curva a oscuras y pienso cuánto la llenaría ser piloto de Fórmula 1—. Yo no he nacido para currar, he nacido para heredar un piso de mi padre rico y vivir de las rentas. Pero a ti te gusta currar de lo tuyo.

Suspiro y me reclino contra la ventanilla.

—Los bolos al aire libre son un invento de Satanás, no volveré a caer en la trampa.

Berta se ríe de nuevo, dando por hecho que, por supuesto, volveré a caer.

DE CUANDO ME DABA PÁNICO LLAMAR POR TELÉFONO

Cuando eres autónoma, puedes cerrar un contrato en casi cualquier parte. Es la magia del *freelance*: nunca sabes qué maravillosa aventura puedes tener hoy ni cuándo te van a llamar para pedirte algo. Por ejemplo, cuando he bajado al súper de debajo de casa a por papel higiénico, ya que lo único que tenía para limpiarme el culo era una servilleta usada del Starbucks, no sabía que me iba a llamar un tal Gabriel, de una agencia de publicidad de una conocida marca de cervezas, para decirme las siguientes palabras: «Las chicas estáis de moda».

—Por eso nos gustaría que presentaras el evento que estamos organizando para Estrella Teruel. Queremos contratar a una mujer para hacer el monólogo porque pensamos que también pueden ser graciosas.

Pongo los ojos tan en blanco que juro por Dios que creo que se me han dado la vuelta y que se van a quedar así para siempre. A lo mejor este es el giro a mi carrera que estaba esperando, un giro literal. Ahora seré la cómica ciega. «No verás llegar sus chistes», dirán.

—¿Qué te parece? —me insiste Gabriel al otro lado del teléfono.

Lo dice muy orgulloso y me doy cuenta de que este tío es lo que se llama un Héroe De Las Mujeres. Suele pasar que todos los Héroes De Las Mujeres creen que decirte que te quieren contratar por ser mujer es un halago, un «me preocupo por vosotras», y suelen aparecer cuando en una empresa o evento se dan cuenta de que hasta el momento solo han contratado a hombres. Los Héroes De Las Mujeres llaman diciendo estar interesados no en sus conocimientos o en su trabajo, sino en «una mujer que haga ilustraciones», «una mujer que sepa de videojuegos» o, en este caso, «una mujer que haga monólogos». Me imagino que a Gabriel le han puesto delante una lista de varias cómicas, ha tirado un dardo que ha caído sobre una foto mía y me ha llamado.

—¿Qué sería exactamente? —pregunto.

Anoche le prometí a Berta que no aceptaría más bolos al aire libre y El Héroe De Las Mujeres me ha descrito el trabajo como «un evento *chill-out* en una terraza privada al atardecer con invitados selectos y medios de comunicación». Es decir, un bolo al aire libre pero con pijos.

—Sería hacer un monólogo y participar en un coloquio posterior con otras mujeres. —«Otras mujeres». Así, en general. Su cargo es mujer. ¿Son cómicas también? ¿Expertas cerveceras? ¿Borrachas, simplemente? No sé, se dedican a ser mujer—. Sobre vuestras cosas, ya sabes, pero siempre relacionado con la marca.

Echo a mi carrito una lasaña congelada que selecciono de

entre diferentes marcas basándome en qué foto me da más hambre. Observo el diminuto envase y me fijo en que pone «Para dos personas» y me parece más gracioso que cualquier chiste que yo haya escrito.

—¿Cuánto tiempo de monólogo?

—Lo que queremos es que sea fresquito. Ya sabes. Muy fresquito y dinámico. No te preocupes por el tiempo.

Sé que El Héroe De Las Mujeres me está poniendo muchas facilidades, pero tengo en mente lo que dije en el coche camino a Madrid. Y, sobre todo, tengo en mente el Vietnam que supuso ese último bolo al aire libre. Saco la cartera para pagar la lasaña congelada y los doce rollos de papel del culo y me imagino que ese «evento *chill-out* en una terraza privada al atardecer con invitados selectos y medios de comunicación», algo que sobre el papel suena increíblemente bien, en la realidad se convertirá en «un trípode con un micro directamente sobre el césped, a oscuras, con influencers borrachos y un fotógrafo de bodas, bautizos y comuniones». Tengo que empezar a valorarme a mí y a mi trabajo, me fuerzo a pensar mientras guardo el papel higiénico en una bolsa.

—Gracias por la propuesta, Gabriel —contesto, armándome del valor necesario para rechazar un trabajo por una convicción que tampoco tengo muy clara—, pero creo que voy a tener que decirte que no.

Nunca antes había sido capaz de rechazar un trabajo. En el periódico ni siquiera era capaz de negarme a escribir los humillantes artículos que me obligaba a hacer Cocaíno, aunque no siempre tuve que escribir sobre ratas atrapadas en alcantarillas. A veces Cocaíno aceptaba mis propuestas para ir a entrevistar a alguien o para «hacer una galería de fotos de los nuevos murales culturales de Lavapiés», como le dije para venderle un artículo que terminó siendo de grafitis maltrechos en bajos comerciales. Cualquier cosa valía para intentar escapar un rato de la redacción.

También lo hacía para no volver a llamar por teléfono. Todo lo que fuera tener que llamar a alguien que no conocía para preguntarle cosas sobre las que seguramente no me querría contestar me producía unos niveles de ansiedad tan altos que a veces me tenía que ir al baño a llorar y a preguntarme por qué no había estudiado Magisterio. Luego me sonaba los mocos y caía en que, aunque fuera profesora, alguna llamada tendría que hacer de vez en cuando. A los padres, por ejemplo, para decirles que había pillado a sus hijos fumando en el recreo, o viendo tiktoks en el baño, no sé qué se hace ahora en los colegios.

Tampoco sé de dónde me viene el miedo a hacer llamadas telefónicas, pero me alivió cuando descubrí que era algo generacional. Sonia, una redactora de más o menos mi edad que estaba tres mesas más allá de la mía, necesitaba alejarse de todo ser viviente cuando le tocaba telefonear a alguien. Si podía, se escondía en el armario de mantenimiento para que nadie la escuchara. Una vez, El Yogures la pilló saliendo de allí, entre mochos y fregonas, y Sonia se tuvo que inventar que tenía una relación con el conserje, de cincuenta y cuatro años, y que le había dejado una notita de amor para que la leyera luego. En una redacción, «si no hablas por teléfono en tu mesa, no eres periodista de verdad». Esta es una de las peores frases que se han inventado los periodistas para justificar su pasión desmedida por un empleo tan precario, como la de «se es periodista las veinticuatro horas», consigna que repiten a cualquier becario que tenga la desfachatez de protestar por tener que trabajar un domingo. No sé si alguna vez habéis oído la segunda parte de esta frase, pero sería algo como: «Se es periodista las veinticuatro horas y se cobra como si trabajaras dos minutos».

El caso es que llamar por teléfono era una de las tareas que más odiaba de mi trabajo como periodista. A Aida le ocurría también, pero se le pasó cuando se le presentaron problemas más graves, como tener dos hijos de golpe. De repente apreciaba cualquier conversación que fuera eso, una conversación, no una incesante cadena de lloros y chillidos.

Uno de mis clásicos cuando tenía que llamar era que mi cerebro cortocircuitaba y mezclaba dos reacciones diferentes pero similares, por ejemplo, cuando al inicio de una conversación mi interlocutor me dijo su nombre y yo, en vez de «encantada», dije «enhorabuena». O cuando, después de una entrevista que no había ido nada mal, yo misma me bajé a tierra al despedirme de mi entrevistado, que previamente me había dicho que se iba a ir de vacaciones a Torrevieja, diciéndole «que aproveche» en lugar de «que vaya bien». O cuando, también al terminar otra conversación, me desearon suerte con el artículo y yo contesté un «igualmente» a una persona que, por supuesto, ni era periodista ni se dedicaba a escribir.

Esta incapacidad de ser normal con un teléfono en la mano mermaba también las capacidades periodísticas requeridas a la hora de entrevistar a una fuente.

Hubo una vez que Cocaíno me asignó un «tema polémico». Llamaba «polémico» a cualquier cosa que no se basara en fusilar una nota de prensa que nos había llegado o en escribir sobre el último tuit viral que Iker Casillas había publicado durante su crisis de los cuarenta. Es decir, el tema de la rata gorda atrapada en la alcantarilla también podría catalogarse de «polémico». En este caso, se trataba de un pequeño diseñador madrileño al que varios ilustradores habían acusado de plagio. Por supuesto, le tuve que llamar y, por supuesto, el pánico que eso me producía interfirió en las sutilezas que hay que llevar a cabo a la hora de preguntar a alguien por un tema del que no quiere hablar; la conocida en periodismo como «técnica del embudo». No digo que la llamada fuera mal, digo que terminó con un «tendrás noticias de mi abogado, plumilla mentirosa», aunque, según Cocaíno, ese enfado era más que suficiente para montar un artículo. Por suerte, las noticias de su abogado jamás llegaron, pero yo me pasé tres semanas colgando al primer tono cuando tenía que llamar a alguien, inventándome una avería en mi móvil o insistiendo mucho en que las notas de audio del WhatsApp son tan efectivas como una llamada.

Cocaíno tenía que revisar todo lo que escribíamos Aida y yo. Al principio nos dejaba bastante libertad, pero una vez un artículo de Aida fue publicado antes de tiempo y apareció en portada con el titular provisional que ella había redactado para organizarse, un titular que rezaba: «Otro artículo de mierda que no va a leer nadie, me quiero ir a mi casa a tocarme el parrús». Lo malo fue que se publicó por la mañana y nadie en la redacción se dio cuenta hasta última hora de la tarde. Lo peor fue que quien se dio cuenta fue el director. Recuerdo que vino dando grandes zancadas hasta nuestra mesa y le gritó a Cocaíno que «por qué siempre que hay una puta mierda en el periódico es de tu sección». Desde entonces, nuestro jefe se otorgó plenos poderes para revisar y cambiar todo lo que a él se le antojara de nuestros artículos.

Esa era la situación en nuestra sección cuando le propuse a Cocaíno irme a entrevistar al jovencísimo CEO de una hamburguesería de Madrid, un chaval desconocido que nunca antes había estado en el mundo de los negocios y que, gracias a una herencia, montó lo que entonces era una franquicia que arrasaba en Instagram. Por una parte, quería huir de la redacción porque Aida se había ido a media mañana. Sus dos hijos se habían puesto enfermos a la vez y, al parecer, su mujer estaba en una esquina balanceándose con las piernas recogidas y preguntándose por qué en vez de tener hijos no habían adoptado un cerdo vietnamita. Pero además creía que de verdad podía quedar un artículo bastante chulo. El caso es que Cocaíno me dejó vía libre.

El chaval era un encanto, se notaba que controlaba de negocios, pero a la vez tenía los pies en la tierra; las fotos del local me habían quedado increíbles, y por fin estaba haciendo lo único que me gustaba de esta profesión: escribir. Me motivé tanto que no me importó seguir trabajando en casa y terminar el artículo por la noche para poder hacerlo sin prisas. Me acosté orgullosa del trabajo bien hecho y pensando que no todo era espantoso en mi profesión.

A la mañana siguiente me desperté con ocho llamadas perdidas del dueño de las hamburgueserías y, tras salir atropelladamente de casa porque, como siempre, llegaba tarde, miré el periódico en el primero de los cuatrocientos buses que tomaba para ir a la redacción. En cuanto vi cómo había quedado el artículo me entraron ganas de vomitar, aunque no estoy segura de si era por lo que acababa de leer o por leer mientras el autobús traqueteaba al pasar por los baches de todas las mañanas. El viaje se me hizo eterno hasta que conseguí llegar a la redacción y, casi sin aliento, me planté delante de Cocaíno para pedirle explicaciones por lo que había hecho con mi artículo.

—Te he cambiado un poco el titular para que venda más —dijo orgulloso. Y giró la pantalla del ordenador para que yo la viera—. Mira, ¡somos trending topic en Twitter!

El titular que yo había puesto por la noche era: «Quién está detrás de la hamburguesería de moda: la joven promesa de los negocios que arrasa en Instagram», y el que esa mañana coronaba la web del periódico era: «Quién está detrás de la hamburguesería de moda: el don nadie que juega a los negocios con el dinero de papá».

Efectivamente, éramos trending topic en Twitter, pero el comentario más suave instaba a tirar papel higiénico ardiendo al periódico. Nadie le había dicho a Cocaíno que no siempre es bueno ser tendencia en redes sociales y que, desde luego, no es buena idea meterse con alguien que arrasa en ellas. En cuanto me senté en mi silla, me borré como autora del artículo y puse la opción genérica con el nombre del periódico que usábamos para firmar las notas de prensa de las agencias. Ese día, Aida me invitó a comer y me dijo que no pasaba nada, que con un trauma se supera otro y que seguro que ahora se me quitaba lo del miedo a llamar por teléfono.

A veces pienso que, en esa época, desde fuera se me debía de ver como yo veía a la rata gorda atrapada en la alcantarilla, solo que a ella la sacaron los bomberos y en cambio yo seguía recluida en aquella redacción.

Cuando me despidieron y empecé a poder vivir de hacer comedia, me pareció un sueño hecho realidad. El momento en el que pasé a estar delante de la cámara en *Enganchados* y comenzaron a llamarme de más sitios para actuar, me creí la persona con más suerte del mundo. A veces se me olvida que lo sigo siendo solo por poder dedicarme a lo que me gusta.

Cojo el móvil y llamo al Héroe De Las Mujeres.

—Hola, Gabriel. Me lo he pensado mejor. Me encantaría presentar el evento, si seguís interesados.

Me doy cuenta de que no me ha costado nada llamar. Aida tenía razón.

—Genial —me contesta al otro lado del teléfono—. Te llamarán para darte más detalles. ¡Bienvenida a bordo!

—Igualmente —digo sin ningún tipo de sentido. Supongo que hay cosas que no se curan.

DE CUANDO BERTA CUIDÓ A UN NIÑO

«Una emergencia». Así ha descrito Berta su situación para obligarme a ir a la nueva casa en la que está cuidando del hijo de alguien. Alguien rico, por supuesto. Berta siempre se las arregla para conseguir casoplones, y su método tiene sentido: una vez que un rico ha entrado en su rueda, pronto caerá el siguiente, recomendado por el anterior. «Sospeché que tendría dinero porque esta gente solo se junta con los de su especie, y acerté», suele decir cuando descubre que, efectivamente, le ha tocado una casa con piscina.

Esta nueva vocación de Berta de colarse en casas de ricachones me gusta más que sus anteriores trabajos, y eso que ha hecho de todo: desde mascota de equipo de baloncesto universitario hasta profesora particular de violonchelo, para lo cual se apuntó a unas clases que reproducía a la perfección cuando, al día siguiente, la profesora tenía que ser ella. Dio el pego hasta la tercera clase, cuando el padre de la niña a la que enseñaba comenzó a sospechar y le pidió a Berta que interpretara el adagio en sol menor de Albinoni.

Ninguno de esos trabajos le duró más de dos meses. De hecho, en *Por la night* lleva tres y se siente una funcionaria.

La llamada me pilla con el vigésimo cuarto borrador del monólogo que estoy preparando para el evento de El Héroe De Las Mujeres. Bueno, en realidad me ha pillado mirando Instagram en uno de mis descansos que en principio eran pequeños *breaks* de cinco minutos para hacer pis e ir a la cocina a cortar fuet, pero que han derivado en enormes pausas de más de media hora.

Intento estar motivada y hasta ahora lo he conseguido. Pienso en lo difícil que es trabajar de lo que te gusta y en mis excompañeros de carrera, que me matarían si me oyeran quejarme mientras ellos aplican todo lo que han aprendido en Periodismo a teclear trescientas cincuenta comandas diarias en el McDonald's. Pero todos sabemos que cuando las cosas van bien solo es el preámbulo para que vayan mal. Ocurre en las películas, en los libros y en la vida, aunque creo que más en la mía que en la de otros. Igual peco de melodramática, pero me dedico a escribir, a actuar y a fingir carcajadas en televisión. O soy melodramática o me muero de hambre.

El caso es que estaba cotilleando Instagram en uno de mis pequeños y merecidos descansitos de tres cuartos de hora cuando he visto un cartel amarillo brillante que me ha llamado la atención: Trixx estrena monólogo. El post, que empezaba con la frase «Me subí al escenario por primera vez hace un mes», terminaba agradeciendo a sus seguidores que hubieran agotado las quinientas entradas de su nuevo show en menos de un día y prometiendo nuevas fechas en un futuro. Que Trixx ya se vea capaz de defender una hora de texto habiéndose estrenado en un micro abierto hace unas semanas me parece el equivalente a aprender a hacer pan durante la pandemia y al salir montar la fábrica de Willy Wonka. Solo que Trixx ha conseguido que la fábrica esté a rebosar de niños y que no quede una chocolatina sin vender.

Resoplo frustrada: pasar de actuar en bares a llenar un teatro en la Gran Vía de Madrid lleva años siendo mi sueño, y Trixx ha pasado de lo uno a lo otro tan rápido que ni le ha bajado la regla entremedias. Pero su bagaje haciendo vídeos de humor en redes y la marabunta de seguidores que acumula se lo permiten. Ella se lo ha ganado y a mí no me queda otra que seguir ganándomelo. Me planteo comentarle «Enhorabuena», pero lo borro a la mitad. Tampoco creo que lo lea. Desde que sale en el *late*, escribir un comentario en una publicación de Trixx es como gritar «Hola» en la entrada de un Primark.

Miro el texto que estoy escribiendo para El Héroe De Las Mujeres y todo me parece horrible.

—Voy para allá —le digo a Berta.

La entrada al portal flanqueada por dos estatuas simulando unas cariátides me da una pista del nivel de vida de la insensata persona que ha contratado a mi amiga. La colosal piscina y el pequeño bosquecillo privado que se alzan en el patio interior me dan la segunda. Que Berta, en cuanto salgo del ascensor, me reciba enrollada en un fular que se antoja más caro que dos meses de alquiler y llevando un enorme anillo en el dedo me da la tercera.

—No puedo quitármelo —me dice con el brazo extendido en cuanto entro—. Ayúdame.

—Dime que este anillo es tuyo.

Le estiro de la mano para verlo de cerca. El anillo tiene engarzadas unas piedras azules y blancas que no sé reconocer porque jamás me he tenido que preocupar por distinguir piedras preciosas. Se vería muy bonito si no estuviera comprimiendo la morcilla de Burgos en que se ha convertido el dedo de Berta.

—Sí, claro, lo he pagado después de comprarme un adosado en Pozuelo —suelta, sarcástica, y antes de que pueda decirle que no está en posición de vacilarme, me lo explica—: Es de la señora que vive aquí, me lo estaba probando. Solo quería saber qué se siente siendo rica.

—¿Y qué se siente?

—Increíble, es como ser mejor que los demás. Mira qué suave es este chal. —Me lo restriega por la cara con la mano que le queda libre—. Es como envolverte el cuello con un bebé.

—No digas esa metáfora en público.

—Vale.

La estatua del duende a tamaño real que hay al lado de la puerta cobra vida y se acerca hacia nosotras. Me doy cuenta de que en realidad es un niño. Se coloca al lado de Berta mirándome con unos ojos como platos mientras se retuerce su polo de pijo en miniatura.

—Eric, esta es mi amiga Lola —me presenta Berta.

No sé cómo hay que saludar a un niño tan pequeño. Una

vez le di dos besos a un bebé porque no sabía qué hacer, así que opto por levantar la mano. Eric no lo hace.

—Mira, pasa de ti, como todos los hombres —observa su nueva cuidadora. En ese momento, como para llevarle la contraria, Eric me señala y balbucea:

—Lo... la.

Miro a Berta con aire triunfal y la llevo a la cocina para intentar sacarle el anillo.

—¿Has probado con jabón?

Berta asiente, todavía enrollada en el fular.

—Pues ese era mi plan —le anuncio.

—Ah, perfecto.

Lo único que se me ocurre es lo que haría todo el mundo: tirar de Google, que me informa de que, cuando el jabón ha fallado, queda el recurso de engrasar el dedo y envolverlo con film transparente.

—O también podemos cortar el anillo —propongo mientras leo la primera página que sale en el navegador cuando buscas «ayuda cómo sacar un anillo de un dedo hinchado».

—Si tengo que compensarles lo que vale el anillo, estaré cuidando de Eric hasta que cumpla ciento cincuenta años. Engrasa.

Abro todos los armarios buscando el aceite y tardo más de lo normal porque la cocina es tan grande como un campo de fútbol. Hay tantos armarios que no sé en cuáles he mirado y en cuáles no, así que los dejo todos abiertos hasta que encuentro una garrafa de aceite. La cojo y la llevo hasta la isla de la cocina, que es tan grande que más que una isla es Pangea. Entonces reparo en el dedo de Berta.

—Igual tenemos que ponerte algo de hielo para bajar la hinchazón —digo—. Lo vi en *House*.

Berta acepta y saco varios cubitos del congelador. Como solo hay un congelador, esto sí sé dónde está.

—Si se me queda el anillo en el dedo para siempre, ¿dejarán que me lo quede? La policía no puede obligarte a cortarte un dedo —reflexiona Berta—. ¿O sí?

—La policía igual no, pero los sicarios que podrían contratar estos ricos seguro que sí.

—Corrales no haría eso, el otro día me dijo que me salieron muy bien las fotocopias.

Me paro en seco y dejo de amontonar hielos en el dedo de Berta.

—Espera. —Mi respiración se acaba de acelerar pensando en la vez que le tiré la copa encima al señor que quiero que me contrate—. Dime que esta no es la casa de Corrales.

—Es el único rico al que veo todos los días, tengo que aprovecharlo.

—¡Berta! —exclamo—. ¡Si me pilla aquí, me va a matar!

—Tranqui, llegarán tarde, se han ido a tomar algo, luego irán a cenar y luego a la ópera —enumera, despreocupada—. Tiempo suficiente para que me saques el anillo.

—Ahora mismo solo quiero sacarte las tripas.

—Va, dramática, que no pasa nada, no van a venir.

Una vocecita nos saca de la discusión:

—Lola.

Eric está en el quicio de la puerta de la cocina chupándose un dedo mientras con el otro me señala.

—Qué guay, te sabes mi nombre —digo con una sonrisa forzada—. ¿Y sabes el nombre completo de Berta? Berta se llama Berta Tonta. ¿Sabes decir «Berta Tonta»?

El niño abre todavía más los ojos, que parecen dos planetas, y se va corriendo a una de sus sesenta y cinco habitaciones.

—Voy a pedir una pizza, te invito a cenar —dice Berta Tonta cogiendo el móvil con la mano que tiene libre.

—No, gracias, en cuanto te saque el anillo, huyo de aquí para no volver.

—Tú verás, la voy a pedir de atún.

—Te odio.

La hinchazón del dedo le ha bajado y el nivel de *morcillez* ha disminuido, así que tratamos de sacarle el anillo. Tras varios intentos en los que vuelco quizá demasiada ira, sigue sin haber manera. Ha llegado el momento del aceite. Cojo la garrafa y Berta me sigue hasta el fregadero con tan mala suerte que, cuando extiende el brazo, choca contra el botellón, que se me resbala de las manos y cae al suelo con un gran estruendo. Las —seguramente caras— baldosas de la cocina se tiñen de amarillo.

—Mierda —decimos a la vez.

Una gran masa de aceite se extiende por los tacones de mis botas y por la suela de las zapatillas de Berta y debo decir que, por desgracia, lo que acaba de pasar no me sorprende. Entre ella y yo tenemos la misma gracia y habilidad que dos monos borrachos. Una vez, en mi casa, Berta tuvo una revelación y dijo que tenía que empezar a fumar menos. Al rato se agobió y se empeñó en hacer bizcocho de marihuana aludiendo a que, técnicamente, eso no era fumar. No sé cómo nos las arreglamos para que al cabo de una hora el bizcocho acabara desparramado entre los fogones y la mitad de la hierba que no habíamos usado se alejara volando por la ventana, arrastrada por un traicionero viento estival. Nunca había visto a Berta llorar tanto.

Me deslizo, porque no me queda otra, hasta uno de los

armarios abiertos, de donde sobresalen una fregona y un cubo. Mis ahora resbaladizos pies han decidido que, si nunca han sabido coordinarse especialmente bien, ahora mucho menos, así que me voy de morros contra el suelo, aunque me salva el palo de la fregona, al que me agarro en el último segundo. Me siento como Tom Cruise en *Misión imposible*. Es verdad que él se agarra a helicópteros, pero también hace más deporte que yo, así que el logro es equitativo.

—¡Toma! —exclama de repente Berta.

Levanto la cabeza pensando que acaba de alucinar con mi aterrizaje, pero ha gritado para celebrar algo mejor: tiene un brazo levantado y muestra triunfante el anillo, por fin fuera de su dedo. Parece Gollum cuando consigue hacerse con él en el Monte del Destino.

—Bueno, una cosa menos… —suspiro, y cuando veo que Berta se encamina fuera de la cocina, añado—: Ayúdame a limpiar esto o te lo vuelvo a poner.

—Que sí, que voy a lavarlo y ahora vengo.

Nos pasamos una media hora escurriendo el aceite, fregando el suelo, quitando los restos de Fairy, guardando los hielos, cerrando los armarios y cajones abiertos hasta que vuelve a parecer una cocina de ricos y no el vertedero municipal. Sin embargo, lo que sí parece sacado de un vertedero cuando terminamos es nuestra ropa.

—No sé si te he dicho que te odio —le espeto a Berta apoyada en la isla de la cocina y cubierta de aceite.

—De hecho, hoy me lo has dicho ya dos veces. —Berta está igual de sucia que yo, pero no parece importarle—. Date una ducha, tienes aceite en el pelo.

—No voy a ducharme en casa de Corrales.

—No puedes salir así a la calle —razona.

En realidad, podría hacerlo perfectamente, siempre que asumamos el riesgo de la Ley de Murphy de que cuanto peor salgas a la calle, a más gente conocida te encontrarás. Una vez, cuando vivía en pleno centro, bajé la basura llevando un pijama que en su parte más limpia tenía vómito de gato. Nada más salir del portal me encontré a un ex, a dos compañeros del periódico, a un grupito que iba conmigo al colegio y a Ewan McGregor.

—Joder, vale —bufo—. Me ducho en cinco minutos y me voy.

—Te duchas, cenas pizza y te vas.

Eric nos mira desde su altura de duendecillo. Levanta el brazo y me señala.

—Lola —dice.

Solo la bañera de Corrales mide lo mismo que mi baño entero. Me imagino que es un insulto llenarla con otra cosa que no sea leche de burra, pero abro el grifo y dejo que el agua caiga el tiempo mínimo indispensable para que se me vaya todo el aceite. Creo que si ahora alguien intentara abrazarme, en cuanto me tocara me escurriría como un delfín.

Cierro el grifo, me envuelvo en una toalla y salgo corriendo del baño para vestirme y no volver jamás a esta casa.

—Oye —me dice Berta cuando llego al salón.

—¿Has visto mis botas? —le pregunto sin hacerle caso.

—Oye, Lola.

—Ah, están aquí.

—Ha pasado una cosa.

—Déjame un cepillo del pelo, porfa.

—Creo que Eric se ha tragado el anillo.

Me paro en seco, todavía envuelta en la toalla y solo con un calcetín puesto.

—¿Qué?

—Que creo que Eric se ha tragado el anillo —repite Berta.

—¿Cómo que se ha tragado el anillo? —me exaspero sin tener en cuenta mis pintas—. ¿Qué coño has hecho?, ¿se lo has metido en el bocadillo de la merienda?

—¡No lo sé! Me suena haberlo dejado en la mesa y ya no está y Eric dice que…

—Duele tripita —completa el niño con un hilo de voz.

Me siento en el reposabrazos de uno de los quince sofás para intentar encajar la situación, pero la mente se me va al propio sofá. Es increíble cómo solo el reposabrazos ya es más cómodo que mi sillón entero.

—¿Por qué no has dejado el anillo en su sitio? —exclamo enfadada, pero con el culo muy cómodo.

—¡Me he dado prisa para ayudarte a limpiar!

Me quedo un rato en silencio pensando qué hacer. Eric parece estar bien, pero si no lo llevamos a un médico teniendo un anillo en su estómago, no sé cuánto tiempo podrá seguir estando bien. Berta es la canguro y lo más lógico sería llamar a los padres. A Corrales, en este caso.

—Te odio —le digo al acabar mi reflexión.

—Tercera vez.

Me llevo las manos a la cabeza y Berta se agacha hasta llegar a la altura del comeanillos.

—Eric, ¿sabes que en un poblado australiano da buena suerte comerse algo de oro?

—Si ya tienes cosas de oro que comerte, no te hace falta más suerte —replico desde el sofá.

Suena el timbre de la puerta.

—Abre, es la pizza, me muero de hambre —me pide Berta mientras examina a Eric. Resoplo pensando: 1) en cómo es posible que esta tía tenga hambre en un momento como este, y 2) que le voy a coger tres porciones en cuanto me vista. Abro la puerta, pero no hay caja de pizza. Lo que hay es una señora que lleva un collar de perlas gordas como naranjas y que huele a la planta de perfumería de El Corte Inglés. Percibo confusión en sus ojos al ver que le abre la puerta una chica tapada solo con una toalla y un calcetín.

Y detrás de ella, Corrales.

Siento un fuerte impulso de huir. Si salgo disparada escaleras abajo, igual no pasa nada. Quizá no le ha dado tiempo a reconocerme y todavía puedo ser la misteriosa chica que salió corriendo de su casa en bolas. Pero mis pies parecen enraizados al suelo de parquet con sistema de calefacción. Bueno, doy por hecho que tiene sistema de calefacción por el calorcito que noto. Si no tiene, es mi cuerpo, que está a punto de combustionar.

Me parece que el tiempo se detiene y que pasaré la eternidad en este momento queriendo morirme.

—¿Berta? —pregunta por fin la señora.

Veo de reojo que Berta da un respingo al lado de Eric mientras yo sigo sujetando la puerta. Si las miradas mataran, la de Corrales aún estaría cargando la escopeta, porque parece estar mucho más confuso que furioso.

—Ay, hola, Concha —saluda Berta atropelladamente—. Esta es Lola. Ha venido a ayudarme. —«Y a gastarte el agua

117

caliente y a usar tus toallas», pienso aún sin moverme porque lo que falta es que se me caiga la toalla. Sonrío con los labios tan apretados que siento que desaparecen de mi rostro. Qué suerte, ojalá desapareciera yo también.

—Ya —dice despacio Concha, la señora que huele como El Corte Inglés, después de observarme unos instantes—. Nos hemos dejado las llaves y queríamos cogerlas antes de ir a la ópera.

Miro de reojo a Corrales y veo que se está rascando la frente. No dice nada. Yo sigo sujetando la puerta.

—Sí, aquí están. —Berta le tiende las llaves e intercambia una rápida mirada conmigo—. Oye, Concha, Eric está bien, pero —«No, por Dios, Berta, te mato»— se ha tragado un anillo. Si me dais el número del médico, puedo llevarlo.

—¿Qué? —Ahora es Corrales el que habla. Entra en la casa y se acerca a Eric, a quien coge en brazos—. Pero, campeón —le dice—, ¿cómo te has tragado un anillo?

Hay un silencio. Eric mira a todo el mundo hasta que sus ojos inmensos se detienen en mí. Levanta su bracito y el muy cabrón me señala.

—Lola —dice.

Llego a casa a las cuatro de la madrugada después de haber estado seis horas en Urgencias.

Dicen que todos los días se aprende algo nuevo y yo hoy he aprendido varias cosas. La primera, que nunca hay que tener anillos en casa. Pulseras sí, porque, por tamaño, es mucho más difícil que un niño se las trague, a no ser que hayas tenido un hijo con Julia Roberts. La segunda, que jamás volveré a ducharme en casa de un rico sin su permiso. Justo después de la acusación del *mierdaseca* de Eric, Corrales y esposa han salido pitando al hospital, seguidos de Berta y de mí. La tercera es que no hay que insistir en acompañar a Urgencias a una pareja que cree que eres la culpable de que su primogénito haya estado a punto de asfixiarse con un anillo. Por suerte, he ido vestida, y eso ya ha supuesto una mejora respecto a la situación inicial.

Han sido seis horas de hospital espesadas por un silencio incómodo que solo se ha roto cuando me he ofrecido a traerles un café de la máquina a Corrales y señora, para lo cual, por supuesto, no he obtenido respuesta alguna. Un silencio que también se ha roto cuando un jovencísimo y motivado doctor que cursaba tercero de Medicina ha atravesado el pasillo gritando «¡Apartad!» y «¡Dejen paso, soy médico!» hasta llegar a Eric, sentado tranquilamente con una piruleta. La enfermera que estaba con nosotros le ha comunicado que hasta «la evacuación» no podían hacer nada y Doctor Motivado se ha marchado, no sin antes ponerle una mano en el hombro a un impasible Corrales y decirle con una voz mucho más grave que la que tenía hacía un rato: «Todo va a salir bien».

La cuarta cosa que he aprendido es que hay médicos que han visto demasiado *Hospital Central*.

A las once de la noche, Corrales y señora ya habían aceptado que sus entradas para «*La Bohème*, fecha única en España» carecían de valor y lo mismo daba si también se las comía su hijo. A las dos de la madrugada, toda la sala de espera ha animado a Eric a hacer caca, como quien anima a la selección española en un partido clasificatorio. Eric se ha reído y ha animado con ellos, pero no ha hecho caca.

Ha sido una hora más tarde cuando una Berta ojerosa se ha dirigido a la máquina expendedora en busca de azúcar, se ha metido la mano en el bolsillo buscando una moneda y, a los pocos segundos, ha vuelto con nosotros blandiendo un anillo dorado con piedras azules y blancas engarzadas.

—¡Buenas noticias! —ha exclamado, y ha explicado que ahora recordaba habérselo guardado en el bolsillo para no mancharlo mientras limpiábamos la cocina.

Corrales y señora se han levantado sin decir nada, han dado un apretón de manos a los médicos y enfermeros que llevaban seis horas pendientes de Eric y se han marchado.

Berta y yo los hemos seguido en silencio hasta la salida.

—¿Sabéis? —ha dicho ella, la única de los cinco con una radiante sonrisa en la cara—. Algún día nos acordaremos de esto y nos reiremos mucho.

DE CUANDO TODO SALIÓ AÚN PEOR QUE DE COSTUMBRE

La semana pasada fue el «cumplemés» de Octavio, una celebración reservada: 1) para bebés que cumplen un mes de vida, o 2) para adultos que necesitan llamar la atención desesperadamente. Según me han contado, anunció que se había quedado despierto toda la noche preparando unas torrijas que al día siguiente llevó al plató entonando un «Cumplemés feliz» al que nadie se unió, supongo que porque estaban demasiado ocupados masticando unas torrijas cuyo principal ingrediente debía de ser el cemento. Octavio insistió especialmente al Teniente Juan y a Patri para que las probaran, asegurándole a esta última que eran veganas, y de hecho les dio un par extra para que repitieran después del programa. Se rumorea que el Teniente Juan tiró las suyas por el váter y que esa es la razón por la que ahora los baños, tanto los de hombres como los de mujeres, están completamente encharcados y con las tuberías reventadas.

Estoy delante de la puerta de los lavabos, mirando el cartel que impide el paso, mientras sujeto mi vestuario de hoy. Esta mañana me había levantado contenta a pesar de haber dormido mucho menos de lo que me hubiera gustado, pero ha valido la pena: anoche envié el monólogo_final_5_def_ok_estesí.doc a los del evento de Estrella Teruel de este sábado y estoy bastante orgullosa con el resultado. Sobre todo con la idea de negocio que he incluido en un fragmento del monólogo: «Me encanta la cerveza, pero me lleva a tomar malas decisiones. Por favor, inventad ya un botellín que te pegue en la cara cada vez que vayas a escribirle a tu ex. "Hola, Jose" y, ¡pam!, botellazo en el ojo. Ridículo evitado».

Anoche también pude ver en el Instagram de la marca que andan preparando lo que parece un jardín cubierto con luces de neón alrededor de un escenario aún a medio montar pero que se intuye bastante chulo. Para un día que me levanto motivada, no esperaba este jarro de agua fría. O, más bien, de agua estancada en un váter.

—No se puede pasar —me grazna el Teniente Juan, acercándose por el pasillo, antes de que pueda pensar qué hacer. Su calva militar brilla reflejando los fluorescentes del techo—. ¿No te lo han dicho? Tienes que usar los otros baños.

—¿Qué otros baños? —No estamos en el monstruoso edificio de la cadena, sino en el más modesto de la productora, donde, que yo sepa, no hay más cuartos de baño.

—Los portátiles que han instalado en el aparcamiento.

Me quedo blanca. Los he visto al entrar, pero he pensado que estarían haciendo obras en la fachada o en alguno de los platós. Desde luego, no me imaginaba que fueran mi nuevo camerino.

—¿Me tengo que cambiar en un policlean?

El teniente Juan se encoge de hombros.

—Es un baño —me explica como si yo creyera que es un ascensor. Luego mira al frente y achica los ojos, oteando con dureza a la nada, aunque, en realidad, justo delante está la máquina expendedora de galletas de fibra y parece que esté analizando los precios—. Lola, en tiempos difíciles hay que tomar decisiones difíciles. —Y por si su peliculera frase no ha surtido efecto en mí, añade—: Los guionistas también tienen que usar esos baños y no se han quejado.

Pienso que los guionistas solo tienen que usarlos para hacer sus necesidades, no para intentar vestirse en un espacio no apto para ello y que además huele a culo.

—¿No puedo usar el camerino libre? —pregunto, sabiendo la respuesta.

Me pone enferma pensar que hay un precioso camerino disponible y que tiene que permanecer así por si aparece «un invitado de ultimísima hora» que nunca llega y que nunca es Jero. El Teniente Juan me lo recuerda con estas mismas palabras.

—Es una cuestión de protocolo —remarca.

—¿Y si entro en el baño de cualquier otro camerino? Son cinco minutos —insisto.

Los camerinos de los demás colaboradores cuentan con baño privado, por eso esta mañana apenas se han inmutado cuando se han enterado del estropicio de los lavabos de la primera planta y de la glamurosa alternativa instalada en el aparcamiento.

El Teniente Juan niega con la cabeza.

—No puede ser, cada uno tenéis un camerino asignado.

—Yo no tengo camerino asignado.

—Es una cuestión de protocolo —repite él—. ¿Tú dejarías que alguien entrara en tu habitación cuando no estás? No.

—Sí —respondo, pero el Teniente Juan ha lanzado su pregunta retórica a modo de despedida y ya se aleja en dirección a la sala de lectura del guion.

Resoplo y me asomo una vez más a los baños, esperando que la tubería se haya arreglado mágicamente en estos cinco minutos y pueda vestirme en un lavabo de verdad. Antes odiaba cambiarme aquí y ahora me parece un lujo inalcanzable. Nunca sabes lo que tienes hasta que lo pierdes. Igual que nunca pensé que usaría esta frase para referirme a un baño público.

Me dirijo al aparcamiento como quien se dirige a la silla eléctrica y evalúo desde fuera cuál será el policlean que dé menos asco por dentro. Solo hay tres, así que elijo el de en medio. Una vez leí que la gente suele entrar menos en ese porque, al ser el de en medio, asumen que estará más sucio, de modo que me envalentono y entro como si acabara de elegir la opción correcta en la prueba de las puertas de *Dentro del laberinto*, esa película en la que a David Bowie le pusieron unas mallas tan ceñidas que le marcaban todo el botafumeiro.

Miro la taza. Supongo que antes que yo ha entrado a mear alguien que en vez de vejiga tenía un aspersor. No sé dónde voy a colocar la ropa cuando me desvista porque no hay sitio para colgarla. Decido que la voy a poner encima de la tapa, pero eso supone que tengo que bajarla y mis dedos me han dicho que no están dispuestos a tocarla. Levanto el pie haciendo equilibrismos y consigo que la punta de las zapatillas roce la tapa, que cae con un gran estruendo. Vaya, no había contado con que podía salpicarme. Aprieto mucho los ojos y me miento a mí misma diciendo: «Es agua».

Dejo la ropa encima del retrete y me desvisto con la respiración contenida. Mis manos chocan contra el techo de polietileno, así que me agacho, pero me golpeo las rodillas contra la tapa del váter.

Mientras estoy encorvada hacia el suelo cual trol, con la camiseta cubriéndome la cabeza, me replanteo las elecciones vitales que me han llevado hasta este momento, y entonces me doy cuenta: en algún momento voy a tener que quedarme descalza para ponerme las medias. Mis opciones son: 1) posar mis pies desnudos en el suelo encharcado de algo que, pese a mi optimismo, no tiene pinta de ser agua; 2) sentarme en la tampoco-especialmente-limpia tapa del váter para levantar las piernas y ponerme las medias en una postura de parturienta poseída, y 3) dimitir.

No es justo. Me ha tocado el peor efecto mariposa posible: Octavio nace y treinta y ocho años después yo tengo que quedarme en bragas en un váter portátil.

Al rato salgo enfundada en un vestido rojo, sobre unos tacones que servirían de arma blanca y con mi modesto conjunto anterior en la mano: una sudadera y unos vaqueros que hace dos semanas que no lavo. Un cambio digno de *Lluvia de estrellas*, solo que, en vez de rodearme de humo, me rodea la mierda. Vuelvo a entrar en el edificio y enfilo el camino hacia la sala de lectura cuando Pau, el chico de vestuario, me intercepta con una percha en la mano.

—Lola, tienes que ponerte esto hoy, ¿vale? —me dice, zalamero, mientras me tiende una percha de la que cuelga un sujetador en cuyas copas podrían beber los vikingos en el Valhalla.

—Ya llevo sujetador —puntualizo, pero no le culpo. Por lo que abulta mi pecho, si no me viera la cara, ahora mismo bien podría pensar que estoy de espaldas.

—Pero ponte este también, encima del otro. —Y con una enorme sonrisa me coloca la percha en las manos como una forma de decir que ya está decidido—. Lo han pedido los de arriba, piensa que eres la que menos pecho tiene.

Cuando Pau dice «los de arriba» no se refiere a Dios, sino a alguien con más poder: los jefazos de la cadena, que supongo que, en alguna de sus revisiones del programa, lo que más les ha llamado la atención no han sido las veces que se nos escapan tacos en horario protegido o los momentos en los que Patri ha hecho publicidad directa de un canal de la competencia porque su marido trabaja allí, sino que una de las colaboradoras sea más plana que la tabla de *Náufrago*.

—Así igual te llaman más veces —me insiste Pau a modo de incentivo.

Calculo si el precio de un aumento de pecho me saldría a cuenta compensado en colaboraciones en *Enganchados* y al momento desecho la idea, ya no tanto por principios o por eso de intentar quererse a una misma, sino porque me genera cierto rechazo pensar en que alguien me acerque un bisturí a las tetas.

Sonrío a Pau, o al menos eso creo. Es posible que solo haya arrugado el morro. Cojo la percha y me dispongo a quitarme el vestido para ponerme un segundo sujetador.

Mierda.

Tengo que volver al policlean.

Llego la última a la lectura del guion. Mis nuevas tetas llegan las penúltimas. Es increíble, pero me siento como si tuviera superpoderes. Ahora mismo, si me cayera al mar, estoy segura de que podría flotar sin problemas y mantenerme viva varias semanas mientras voy a la deriva. Incluso podría guardar algunos víveres en el hueco que hay entre Sujetador 1 y Sujetador 2. Algo para picotear, pero que me sirviera para sobrevivir hasta que me encontraran: cacahuetes, almendras o una lata de albóndigas en salsa. Igual eso deberían haber hecho en el Titanic: por cada bote que faltara, dar un sujetador tres tallas mayor que su portador, así todos podrían haber flotado e incluso mantenerse calientes por la capa extra de ropa. Y así DiCaprio no se habría muerto.

—Bueno, vamos a empezar ahora que estamos todos —ladra el Teniente Juan.

A su lado hay una mujer muy vieja y muy delgada, con una cara huesuda que resalta todavía más su marcado maquillaje de colores vivos. Parecería una Catrina, una de esas calaveras mexicanas, si no fuera porque las calaveras sonríen. Lleva una chaqueta rosa *oversize*, aunque creo que para ella cualquier ropa es *oversize*. Me preocupa que, cuando se levante, todo su cuerpo se venga abajo como una torre de jenga.

—¿Quién es? —le susurro a Octavio.

Veo que se ha teñido el pelo de lo que él llama «color cobrizo», según comunicó a sus *octaviers* en un directo de Instagram, pero que con esta luz es naranja, así que ahora no se le distingue dónde termina la frente y dónde empieza el pelo. Me mira con desprecio, pero yo solo veo dos ojos entornados en un plastidecor naranja gigante.

—La censora de la cadena —me dice como si fuera una obviedad.

Es la primera vez que veo a la Catrina Censora, pero supongo que tiene su lógica que haya venido justo los días que no estoy yo, teniendo en cuenta que solo vengo una vez al mes. O quizá ahora se han puesto más firmes con otros temas además de con mis tetas.

Dejo de fijarme en la Catrina porque me toca leer uno de los titulares de la sección de noticias. Hay que aclarar que en este programa por «noticias» se entiende algo como «Un perro lleva a su sitio un carro de la compra en un supermercado de Ohio».

—«Un chico conoce a su cita por Tinder y los bomberos acaban en su casa porque ella le ha atascado el baño con un zurullo enorme» —leo.

—No, no, no —dice una voz de ultratumba. Levanto la cabeza y veo a la Catrina frunciendo el ceño y sujetando el guion mientras chasca la lengua—. No podemos decir «Tinder», es una marca.

Aunque no hacer publicidad gratis es una de las máximas de cualquier cadena, me cuesta imaginar una situación en la que un espectador de nuestro programa escuche «Tinder» y le entren unas ganas irrefrenables de descargárselo, pero me callo porque si hay algo que está por encima de los jefazos de la cadena, son las marcas: las que se deben nombrar y las que no se pueden mentar bajo ningún concepto porque no están desembolsando nada.

—Sí, Daniela, ya lo sabemos —suspira, cansado, el Teniente Juan—. Ni marcas, ni tabaco, ni alcohol, ni sexo, ni la competencia ni chistes sobre la Iglesia.

—¡Ni de Florentino!

—Ni de Florentino.

El Teniente Juan se rasca la calva, como pensando una alternativa. Luego se dirige al guionista encadenado en su rincón, a quien hoy le han puesto un cuenco con agua:

—Cambiémoslo por «Un chico conoce a su cita por una aplicación».

El guionista teclea frenético, pero la Catrina vuelve a chascar la lengua.

—«Una aplicación de móvil», mejor. Y Tinder es para que los jóvenes se conozcan, ¿no? Pensad que hay gente mayor que ve el programa y no sabe lo que es.

Estoy segura de que el diminuto porcentaje de la población que no sabe lo que es Tinder se encuentra en estado vegetal y no puede ver el programa, pero la Catrina lleva ciento veintidós años trabajando en la cadena y no hay más que hablar.

—Vale —gruñe el Teniente Juan—. Pon «Un chico conoce a su cita por una aplicación de móvil para ligar entre jóvenes».

Se me hace bola la vida.

—Es un poco largo, ¿no va a quedar raro? —me atrevo a preguntar pensando que soy yo la que luego tiene que decir esto como si fuera algo gracioso. El Teniente Juan será excéntrico, pero conoce el programa mejor que nadie y sabe cuándo algo no va a quedar bien. Lo miro, suponiendo que estará de mi lado.

—Seguimos —zanja el puto calvo.

—Aunque... —interrumpe la Catrina—. ¿Ligar? ¿Y si solo te conoces y ya está? — Me parece una posibilidad real que ella haya descubierto Tinder hoy—. No lo sexualicemos todo, estamos en horario protegido. Podría ser «Un chico conoce a su cita por una aplicación de móvil para ligar, tener una amistad o lo que surja entre jóvenes».

El Teniente Juan le hace un gesto al guionista que creo que significa «ya me da igual, escribe lo que diga esta vieja bruja».

—Seguimos —repite, apretando los dientes.

—Aunque... —Esta vez interrumpe Octavio, que adopta un tono de preocupación impostado, similar al que tendría el protagonista de una peli de Disney durante el conflicto central—. Chicos, se nos van a echar encima. El amor no tiene edad. Deberíamos decir «entre jóvenes y no tan jóvenes».

Sus palabras desembocan en un pesado silencio durante el cual creo que el Teniente Juan está teniendo *flashbacks* de la época en la que trabajaba en Informativos. Yo, por mi parte, solo quiero cortarle la lengua a Octavio. Un trocito solo, no soy una salvaje.

Sin embargo, la Catrina asiente, aceptando la valoración de la persona más naranja de la Tierra.

—Sí, mejor... —Cavila unos instantes—. Sí, pongamos eso.

Octavio sonríe satisfecho y ladea la cabeza mirando a la Catrina como un cachorro que pide aprobación.

Me quiero ir a mi casa.

—Entonces quedaría así: «Un chico conoce a su cita por una aplicación de móvil para ligar, tener una amistad o lo que surja entre jóvenes y no tan jóvenes y los bomberos acaban en su casa porque ella le ha atascado el baño con un zurullo enorme» —digo casi sin aliento. El Teniente Juan se encoge de hombros y nadie abre la boca. Esto es surrealista—. Es demasiado largo —concluyo—, va a parecer una parodia.

—Mira, más gracioso y todo —salta la Catrina, esbozando una sonrisa que parece sincera y que da a entender que no sabe el significado de «parodia»—. Y hasta os dejo decir eso de «zurullo». Qué suerte habéis tenido conmigo.

Salgo al aparcamiento a buscar el coche que va a llevarnos a casa a mí y a Octavio, ansiosa porque por fin va a suceder la primera buena noticia del día: voy a poder tirarme en el sofá con la mantita.

Por supuesto, he tenido que decir en directo esa retahíla enorme de palabras innecesarias por mucho que le he esgrimido al Teniente Juan que en la comedia la economía del lenguaje es fundamental. «Hay que hacer frente a los problemas, no achantarse ante ellos», me ha respondido, a pesar de que su actitud frente a los cambios de la Catrina ha sido la de callarse como una rata.

—¡Hola! —Una vocecita me saca de la nube negra que está empezando a formarse en mi cabeza—. ¿Puedes venir?

Me giro y, apostados en la valla que circunda el edificio de la productora y los platós, hay dos chavales con los ojos muy abiertos. Un chico y una chica que deben de tener unos quince años y que claramente se han escapado de clase. Me acerco a ellos.

—Perdona, es que nos queremos hacer una foto —me dice la chica, arrastrando las palabras como buena adolescente.

Y con lo que acaba de decir ya me da igual Octavio, la Catrina, el Teniente Juan o tener que volver a cambiarme en un policlean. Le respondería que me acaba de arreglar el día, pero no quiero que piense que su ídola es una patética, así que le esbozo un «claro» y una sonrisa mientras me acerco a ellos.

—No, pero con Patri —dice el chico.

Y con lo que acaba de decir, cada vez tengo más claro que lo único que no te va a fallar en esta vida es tu manta y tu sofá.

—Pues es que Patri se ha ido ya —les anuncio, haciendo añicos sus sueños y deseando abandonar esta incómoda interacción lo antes posible.

De hecho, Patri se ha marchado la primera en su flamante coche privado que no tiene que compartir con Octavio ni con nadie.

—¿Seguro? —me preguntan los dos casi al unísono y con una mirada de decepción—. ¿No puedes entrar a buscarla?

—A veces se hace fotos en el parking —me explica la chica, intentando meter su cara entre los barrotes para otear la zona.

Es cierto que la agenda de Patri incluye obligar a Octavio a sacarle fotos en diferentes poses y fondos, pero siempre antes del programa. Una vez, como buena embajadora de la comida sana, tuvo que promocionar una marca de puerros y obligó a Octavio a hacerle una sesión de fotos sujetando un puerro de diferentes maneras y mostrando diferentes expresiones faciales: risas hacia el puerro, sorpresa hacia el puerro, sarcasmo hacia el puerro.

—¿Puedes ir al parking a buscarla?

—De verdad que se ha ido, chicos —les digo.

Una parte de mí se alegra de que así haya sido y no tenga que convertirme en la asistente personal de Patri que va a comunicarle que dos fans se quieren hacer una foto con ella y no conmigo.

Miro hacia la salida y veo que un coche negro está esperando. Distingo la silueta naranja de Octavio dentro.

—Y yo también me tengo que ir, lo siento —les sonrío y me giro hacia el coche.

—Pues vaya… Seguro que Patri es más maja que esta —les oigo decir, y aprieto los dientes mientras me pregunto qué acaba de pasar para que Patri vuelva a llevarse el mérito de algo que no ha hecho.

Abro la puerta del coche y veo a Octavio en el asiento de al lado, la guinda del pastel de mierda que está siendo este día.

—¡Ya era hora! —me grita indignado—. He tenido que subir un montón de stories para entretenerme.

—Entonces tus *octaviers* me lo agradecerán —pronuncio «octaviers» con sorna, aunque Octavio se estira orgulloso en su asiento mientras el coche arranca.

—Pues sí, aunque este sábado ya tengo material preparado para ellos —dice relamiéndose, y sé que se prepara para restregarme algo increíblemente exclusivo que sabe que yo no voy a poder tener—. Me han invitado a un eventazo que organiza Estrella Teruel con un montón de influencers y gente guapa.

Ja.

—Pues nos veremos allí —le anuncio despacio con una enorme sonrisa—, porque lo presento yo.

Aunque somos compañeros de trabajo desde hace un año, Octavio siempre ha procurado constatar que se considera superior a mí en todos los aspectos. Llevar más tiempo en *Enganchados* es para él argumento más que suficiente para avalar este comportamiento. No importa que los días que vengo haga el mismo trabajo que Patri y, a veces, se le adjudiquen a ella mis chistes; ella viene casi todos los días y tiene diez veces más seguidores que yo en redes, y eso es suficiente para que Octavio sepa a quién tiene que subir al pedestal y a quién tiene que mirar desde arriba. O así ha sido hasta ahora.

Octavio me observa como si acabara de ver a un poni volando y a los dos segundos su expresión cambia y su rostro luce la misma amabilidad que muestra cuando está delante de Patri.

—¡Fíjate! Qué bien te va, reina. Pues allí nos veremos.

Pasamos el resto del trayecto en silencio porque, a pesar de que ahora me considere su igual, Octavio y yo tenemos en común lo que un helado y una aspiradora. Me entretengo mirando el móvil e ignoro un mensaje de Eloy que reza: «Ey, reina de corazones, te he visto en la tele muy guapa», coronado con el emoji del plato de espaguetis, lo que significa que su oferta de cenar sigue en pie.

Al cabo de unos veinte minutos, el coche aparca delante de mi portal. Me bajo y mientras busco las llaves, suena mi móvil: es Gabriel, El Héroe De Las Mujeres, que supongo que querrá ultimar los detalles antes del sábado.

—Hola, Gabriel. ¿Qué tal? Os envié el monólogo anoche, ¿lo pudisteis ver?

—Hola, Lola. Escucha, ha habido un cambio de última hora. La marca va a coger a otra persona. —Se detiene un segundo y murmura como pensando—: A una influencer. Trixx.

Me paro en seco frente a mi puerta. Me arde la nuca. No sé muy bien qué hacer porque mis manos no me obedecen.

El Héroe De Las Mujeres sigue hablando, pero sus palabras rebotan en mi cabeza, que se niega a escucharlas.

—Es la chica de moda, ya sabes, la que hace vídeos, y creen que les puede venir bien.

Miro el picaporte. Nunca me había fijado en cómo es el picaporte de mi puerta. No está mal para ser un picaporte, supongo.

—Pero te enviarán un pack de cervezas, ¡cortesía de la marca!

Cuando entro en casa no estoy segura de si me he despedido de Gabriel o de si él se ha despedido de mí. Ni siquiera de cuándo he colgado o de si he colgado. Me arrastro hasta el sofá y me dejo caer. Es una sensación extraña, porque no estoy ni enfadada ni triste, sino en blanco, como un folio que alguien ha arrugado y lanzado a la papelera, pero que no ha conseguido encestar y se ha quedado ahí, deformado y feo, sin hacer nada.

En un acto reflejo, cojo el móvil, entro en Twitter y me meto en el hashtag de *Enganchados* para mi inyección mensual de ego. Y entonces veo que me nombran en un comentario: «¿Por qué Lola no dice solo Tinder y ya está? Qué manera de intentar hacerse la graciosa».

DE CUANDO HICE
ALGO HORRIBLE

Miro el taco de carnitas y el taco de carnitas me devuelve la mirada y me dice que prefiere que se lo coma Trixx, que si puedo ir a buscarla.

Berta, Aida y yo estamos en nuestro mexicano favorito. Hace dos días que fui a *Enganchados*, lo que significa que esta noche tendría que estar presentando el evento de Estrella Teruel si no hubiera recibido esa llamada que, durante unas horas, quise fingir que había sido producto de mi imaginación.

Sé que Trixx no tiene la culpa, le está yendo bien y las marcas la quieren. Es la conclusión a la que me he forzado a llegar mientras apretaba muy fuerte una bola antiestrés. La he apretado tan fuerte que ahora la bola antiestrés necesita una bola antiestrés. Aun así, ayer silencié a Trixx en todas las redes porque me duele verla. Un triunfo suyo lo siento como un fracaso mío y sé que, de momento, lo que tengo que hacer es alejarme de lo que me hace sentir así. Es lo que estaba intentando hasta que el taco de los cojones me ha hablado.

Hace dos noches, tras la llamada fatídica, le pedí a Berta que viniera a casa. Me ofreció una botella de vino sobre la que llorar, ya que sabe que soy más de eso que de hombros, y me dijo que no me preocupara, que aquí he tenido mala suerte, pero que hay un universo paralelo en el que yo presento el evento y Trixx, que está de público, se atraganta con unos torreznos que han puesto de picoteo. No se muere, me especifica, pero pasa un mal rato porque le pica la garganta.

A la mañana siguiente, me sentí con la fuerza suficiente como para repasar el texto que había enviado para la presentación y adaptar los chistes que más me gustaban para usarlos en mi propio show, lo que en guion se conoce como «hacer croquetas»: coges lo que escribiste ayer y lo aprovechas para otra cosa. Ahora mismo, en cambio, sabiendo que esta noche tendría que estar ejerciendo de presentadora, ha vuelto la nube negra. Ahora quiero que alguien haga croquetas conmigo, que coja todos estos últimos años haciendo comedia y los aproveche para convertirme en, no sé, funcionaria de Correos. Berta lo había visto venir, por eso ha llamado a Aida y me ha arrastrado hasta este mexicano.

Ellas dos se conocieron la primera vez que Aida vino a verme actuar, cuando yo todavía estaba esclavizada en el periódico y Berta se encargaba de organizar las noches de micro abierto en un sótano de mala muerte del centro. Han coincidido pocas veces, aunque, teniendo en cuenta que en aquel entonces Aida acababa de ser madre de dos bebés, tiene mérito que hayan llegado a conocerse siquiera. Pero no hizo falta más tiempo para que se hicieran amigas: comparten una enorme pasión por la cerveza y una fe en mí que no acabo de comprender.

—¿Te acuerdas de Marta, la redactora de estilo de vida? —me pregunta Aida con la boca llena. Es un detalle que solo la tenga llena de una cosa. Una vez llegó hambrienta a nuestro restaurante chino de confianza e intentó comerse dos empanadillas, un bao y beberse la cerveza, todo a la vez—. Ha conseguido operarse la tocha gratis a cambio de un artículo promocionando la clínica que le ha hecho la rinoplastia. Qué rabia, colega. ¿Te acuerdas de cuando a mí me enviaron un Godello buenísimo por ese artículo que hice de «Haz este test y descubre qué botella serías si fueras un vino» y El Yogures me hizo devolverlo por eso de la ética periodística y no sé qué chorradas más? Pues me dio rabia que Marta tuviera una tocha nueva y se lo dije a El Yogures. Pero, claro, a ella no la pueden obligar a devolverla.

Recuerdo que Trixx siempre quiso operarse la nariz. Ahora que lo pienso, cuando fuimos a su cumpleaños es posible que tuviera el tabique diferente. O a lo mejor era el reflejo de las mechas rosas. Cuando vivíamos juntas había meses que Trixx solo comía arroz con tomate para ahorrar, pero supongo que ahora que es una estrella podría pagarse ocho rinoplastias ultrasónicas a la semana si quisiera.

—¿Lolaaa? Baja a Tierra… —Berta chasquea los dedos muy cerca de mi cara y me doy cuenta de que llevo un rato sin decir nada—. ¿Estabas disociando? Una conocida una vez disoció tan fuerte y tanto rato que una parte de su mente acabó en Estambul.

—No, pensaba en Trixx —confieso.

—Esta noche, cero ralladas —ordena Aida con un puñado de nachos a punto de llevarse a la boca, aunque aún la tiene ocupada con un trozo de quesadilla. Se acaba de recoger el pelo en un moño, lo que significa que ahora sí va a empezar a comer en serio—. Por cada rallada, un chupito de tequila rosa. Mira, yo me pido uno ya; me ha rallado que El Yogures pasara de mí con lo de la tocha de Marta.

Esta es una de las cosas que he aprendido gracias a Aida: cuando tienes hijos, cualquier excusa es buena para beber.

—Yo acabo de sentirme mal por no haber ido nunca a Estambul, también merezco el castigo del chupito —dice Berta en un tono que de verdad parece denotar preocupación.

Esta es una de las cosas que he aprendido gracias a Berta: cuando no tienes hijos, cualquier excusa es buena para beber.

La noche va pasando entre tortillas, fajitas y chupitos rosas que llegan a la mesa ante la mínima inquietud —«Me ralla haberme puesto estos pendientes, mira, son una pirámide, los de esa mesa fijo que están pensando que soy una illuminati, sin ser yo nada de eso», dice Berta para conseguir su cuarto chupito.

—¡Eh! El móvil no se mira —grazna Aida en cierto momento. Tiene la boca llena de frijoles y me señala con un dedo acusador—. ¡Niño, otro chupito!

Aida llama «niño» al camarero porque es una tía de treinta y seis años por fuera pero por dentro es un señor de cincuenta y ocho.

—He mirado la hora —miento. En realidad iba a entrar a Instagram por si Trixx colgaba algo del evento de Estrella

Teruel y así usarlo de excusa para hundirme más en mi miseria. La afición por revolcarse en el sufrimiento para angustiarse todavía más y autocompadecerse es una de las cosas que más me fascinan del ser humano, como lo de escuchar música triste cuando estás triste o cuando yo me quedo mirando que Jero está en línea en WhatsApp pero no me escribe.

—¿Sí? ¿Y qué hora es? —Noto que Aida está haciendo lo que hace siempre que comienza a costarle vocalizar: abrir mucho la boca para intentar compensarlo.

—¡La hora del chupito! —contesto orgullosa y, por supuesto, vocalizando a un nivel muy parecido al de Aida. Veo que a mi lado Berta hace una pequeña danza para celebrar mi respuesta.

Cuando llega el chupito, Aida se encarga de colocármelo justo debajo de la nariz, obligándome a cumplir mi condena. Me lo bebo de una vez y lo dejo en la mesa con un golpe seco mientras noto cómo me arde la garganta.

—A Trixx no le habría ardido la garganta —me dice el vaso de chupito en el que aún quedan algunos restos de color rosa. Dos gotas discurren cerca del borde y bien podrían equivaler a sus dos ojos.

—Ya lo sé —respondo.

—¿Habrá acabado ya de presentar? Igual ha terminado ya —me inquiere el vaso.

Miro la hora en el móvil: casi las doce de la noche. Seguro que sí. El evento empezaba a las nueve y después había un cóctel para todos los invitados. Seguramente ahora Trixx esté disfrutando de su triunfo y poniéndose hasta el culo de gambas.

—¿Y si echamos un vistazo a su Instagram? —Una gota nueva se forma en la superficie del vaso. Me parece que levanta una ceja.

—No me va a venir bien —le digo. Sé que si veo una foto o un vídeo de Trixx presentando un evento que era mío, me ocurrirá lo mismo que cuando la veo aparecer en *Por la night*: un sentimiento de rechazo que me devorará por dentro hasta convertirme en nada.

Creo que llevo demasiado rato callada, pero Aida y Berta no parecen haberse dado cuenta, ya que están discutiendo sobre si, al pescar un pez espada, lo ético sería batirte en duelo con él con un florete. «Si él te gana, lo devuelves al mar. Eso lo hacen en la costa de Chile», explica Berta mientras Aida niega enérgicamente con la cabeza y coge más pico de gallo.

—Solo para ver si lo ha hecho peor que tú —me insiste el vaso de chupito—. ¿No te sentirás mejor si lo ha hecho peor que tú?

—Supongo.

—En los comentarios igual alguien le ha puesto lo mal que lo ha hecho. Le vas a mirar también los comentarios, ¿no? Deberías mirárselos.

El vaso tiene razón. Cojo el móvil por debajo de la mesa para que no se dé cuenta Aida, aunque ahora mismo está ocupada colocando el brazo a la altura de su nariz y diciendo demasiado alto: «No, un pez espada es ASÍ». Entro en el perfil de Trixx, que todavía tengo silenciado.

—¡Guau! Sí que le han subido los seguidores desde la última vez. ¿Has visto cuántos tiene? ¡Tiene muchos! —exclama el vaso.

Ha publicado un vídeo hace una hora. En la miniatura se la ve encima de un escenario con luces de neón y una cerveza en la mano.

—Ponlo —me ordena el vaso.

—No.

—¿Por qué no? Vamos a ver lo mal que lo hace.

—¿Y si lo hace bien?

—Seguro que el texto es peor que el tuyo. Eres guionista, ¿no? Aunque ella es más famosa. —El vaso se calla, pero entonces dice las palabras mágicas—: Si no lo ves, vas a estar comiéndote la cabeza toda la noche. Míralo, venga. ¿No ves lo poco que dura? Míralo.

Pulso en la opción de reproducir el vídeo, que arranca con unas risas de fondo mientras Trixx se pasea por el escenario con una cerveza en la mano. Me lo acerco un poco al oído para escucharlo por encima del alboroto del restaurante. Trixx se lleva el micro a la boca: «A mí la cerveza... No sé, me hace tomar malas decisiones. Chavales, os doy una idea que se me ha ocurrido, Estrella Teruel, atended: haced ya un botellín de cerveza, uno que parezca normal pero que te coja y te pegue en la cara cuando vayas a escribirle a tu ex. ¿Sabes? Rollo... "Hola, Jose, guapo, tal" y, ¡pam!, botellazo en el ojo». Risas del público y el vídeo termina.

Me quedo congelada. No me lo creo. No me lo puedo creer. La bola gigante que tengo en la garganta no me deja pensar con demasiada claridad, pero reconozco inmediatamente mi texto. Con muchas más pausas y silencios y recitado con la misma naturalidad que tiene quien recita el padrenuestro en una misa de colegio de monjas, pero es mi texto, al fin y al cabo, el guion que le envié a El Héroe De Las Mujeres. El muy hijo de puta se lo ha dado a Trixx y ella lo ha aceptado. Me está robando material sin ningún pudor y lo ha subido a sus redes, donde, inevitablemente, ya ha pasado a ser suyo ante los ojos de los demás. Normal que aceptara presentar un evento con tan poco tiempo de antelación, el texto ya lo tenía. Era el mío.

—Vaya zorra —resume el vaso.

Reprimo las ganas de llorar y no estoy segura de si el tembleque que acaba de invadir todas mis extremidades se nota cuando me deslizo por encima de Berta con la excusa nerviosa de ir al baño, pero necesito salir de aquí. Cuando me dirijo a la puerta, una bandeja con una montaña de enchiladas me obliga a girar y entonces decido hacer caso de mi mentira e ir al baño. Cierro el cubículo de un portazo y me pongo a llorar. Lloro como si acabaran de dejarme. O como si me hubiera dado con la pata de la silla en el dedo meñique del pie. No recuerdo con cuál de esas dos cosas lloré más en su momento, pero definitivamente fue una de esas dos cosas. Lloro sentada en el váter. Lloro haciendo pucheros como si fuera un bebé. Lloro con los hombros caídos y el móvil en el regazo mientras veo pares de pies deteniéndose curiosos delante de la puerta antes de seguir su camino. Lloro lágrimas más bien negruzcas porque antes, en casa, no he encontrado el rímel *waterproof* y me he tenido que poner el de Mercadona, que no aguanta un corazón roto. El rímel de Mercadona es solo para gente feliz.

Una de esas lágrimas sucias cae sobre la pantalla del móvil. Lo cojo. Ahora lloro con rabia. Las lágrimas me están

144

nublando la vista, y la rabia y el tequila de fresa hacen lo propio con la mente. Entro otra vez en Instagram, pero ahora desempolvo una cuenta que me creé hace tiempo, una que utilicé para poder seguir cotilleando las publicaciones de los demás durante los días en que la aplicación tuvo mi cuenta principal bloqueada por haber dicho «polla» en una story. A pesar de la desinhibición que me provoca el tequila de fresa desde lo más profundo del estómago, estoy lo bastante consciente como para revisar que en dicha cuenta no haya foto de perfil, ni nombre de usuario ni nada que pueda delatarme. Solo quiero desahogarme, me digo mientras voy al perfil de Trixx. Esta vez es ella la que lo ha hecho mal.

Entro en el vídeo que ha subido. Clico en «añadir comentario» y mis dedos van solos: «No sabe tirar un chiste, dedícate a hacer vídeos y deja presentar a los profesionales, el texto no se lo habrá escrito ni ella». Incluso bajo los efectos de la fresa malvada soy consciente de que he cometido errores ortográficos, pero pienso que así será más creíble que este comentario lo haya escrito un niño rata de quince años en su casa y no yo, la ex mejor amiga de Trixx, mientras lloro borracha en el baño de un restaurante mexicano.

Salgo del cubículo —por dentro más calmada, pero sintiéndome más sucia— y un mapache me devuelve la mirada, pero luego me doy cuenta de que es mi reflejo. Me lavo la cara, me arreglo los ojos como puedo, salgo y me envuelvo en el barullo del restaurante. Decido que necesito un chute de energía antes de volver a la mesa y me inclino en la barra, esperando otro chupito. No es que no quiera que Aida y Berta me vean llorar. Son las personas que más me han visto llorar en toda mi vida, a veces por problemas serios y a veces por la tontería más grande de la historia. Una vez, en casa de Aida, estuvimos un buen rato eligiendo qué íbamos a pedir para comer y, una vez que decidimos pizza, nos tiramos otros veinte minutos pensando qué ingredientes iban a ir en cada una y si pedíamos alitas o aros de cebolla como complemento. Cuando fuimos a pagar, después de unos tres cuartos de hora desde que yo había anunciado que tenía hambre, vimos que el restaurante había cerrado. Estuve llorando otros diez minutos. Así que no, no me da vergüenza que Aida y Berta me vean llorar. Lo que no me apetece es escuchar lo que, con total seguridad, me van a decir: desde el clásico «Tía, no te ralles, saldrán más cosas» hasta el siempre infalible «Esa tía es imbécil», pasando por el maternal «No tendrías que haberle comentado eso».

Dos chupitos de tequila después, mi móvil suena. Es una notificación en mi cuenta secundaria de Instagram. Trixx ha respondido al comentario: «No hables si no tienes ni idea. Me lo he currado muchísimo para estar donde estoy, estoy orgullosa del trabajo que hago y, aunque te moleste, soy una profesional. Besitos». Pido el tercer chupito en cuanto lo leo y cuando vuelvo a bajar la vista observo que, aunque lo acaba de publicar, ya tiene varios «me gusta». Sin embargo, el comentario de mi cuenta falsa también tiene alguno. Se despierta el monstruo que dice que tiene que haber más gente harta de Trixx. Trixx no le puede gustar a todo el mundo, pienso. Yo no le gusto a todo el mundo.

Ojalá yo le gustara a todo el mundo.

—¿Qué trabajo dice que ha hecho? Si el texto es tuyo —interrumpe mis pensamientos Vaso de chupito 1 desde la barra—. Pregúntale qué trabajo ha hecho.

—Los que no tienen ni idea son sus seguidores, ¿saben que te ha plagiado? Deberías decírselo —apostilla Vaso de chupito 2—. Es tu texto, díselo.

—Sí, díselo —insiste Vaso de chupito 1.

Me siento en uno de los taburetes porque me cuesta mantener la verticalidad. Sin haber pensado todavía qué le voy a escribir, clico en «Responder a @Trixx», sabiendo que Vaso de chupito 1 y Vaso de chupito 2 van a estar orgullosos. Achico los ojos porque me molesta la luz de la pantalla y atino a escribir: «Sí, te lo has currado muchíiiisimo, sobre todo este texto que aunque no me has respondido sabemos no es tuyo, lo dicho, dedícate a hacer vídeos. Besitos».

Respiro, dejo el móvil en la barra y pido un vaso de agua. Entierro la cabeza en las manos, que aún me tiemblan un poco. Noto que la adrenalina y el enfado me van bajando, pero por la nuca me sube una sensación de calor desagradable.

—A Trixx le va a seguir yendo bien —me dice el vaso de agua.

—¿Qué? —gruño.

—A Trixx, aunque le dejes comentarios criticándola —el vaso de agua me mira con superioridad, sabiéndose necesitado—, le va a seguir yendo bien.

Me bebo de un trago el vaso de agua, para que sepa quién manda aquí, y decido que es momento de volver a la mesa.

—¡¿Ves cómo no la han abducido?! —le chilla Aida a Berta en cuanto llego y me coloco en mi asiento de antes—. ¡¿Dónde estabas?! —Ahora me chilla a mí, señalándome con un tequeño—. En la mesa de al lado ha habido un cumpleaños y nos han dado bengalas. Esta loca casi le prende fuego a la servilleta.

—Ha sido muy guay —apostilla Berta, contenta.

—¿Qué vais a pedir de postre? —pregunto como si no me hubiera ausentado durante veinte minutos.

Me vibra el móvil en el bolsillo, pero no quiero leer ahora la respuesta de Trixx. La sensación envenenada del tequila de fresa se va desvaneciendo y su hueco lo está ocupando la culpabilidad. No sé cómo voy a reaccionar, y con lo contentas que parecen Aida y Berta contemplando la foto del tiramisú, no quiero aguarles la noche.

Sigo sin prestar atención al móvil, que ha vibrado por segunda vez. Tampoco presto atención a la tercera ni a la cuarta vibración, pero cuando se cuentan por decenas y siento que mi pierna tiembla como si fuera un cortacésped, dejo la carta de postres sobre la mesa y saco el móvil del bolsillo temiéndome lo peor. Miro las notificaciones y siento un agujero en el estómago: no vienen de mi cuenta anónima, sino de la principal. Temblando, entro en la publicación de Trixx esperando que todo sea un susto, pero ahí está: mi respuesta al comentario de Trixx, pero no publicada por mi cuenta anónima, sino por mi cuenta real. Es mi cara la que está sonriendo como una estúpida diciéndole a Trixx que se dedique a hacer vídeos y que sé que el texto no es suyo, «aunque no me hayas respondido». Una frase que deja claro que la cuenta anónima que le ha comentado en primer lugar también soy yo.

—¿Qué pasa? —Oigo la voz de Berta amortiguada, como la escucharía desde el fondo de una piscina. Ni siquiera estoy segura de si me ha dicho algo.

«A la tal Lola se le ha caído la careta».

«Qué mala es la envidia y qué mal es no saber llevar dos cuentas de Instagram, Lola».

«¿Esta no sale en "Enganchados"?».

«Pues Trixx la sigue...».

«Lola, das vergüenza ajena criticando a compañeras de profesión con una cuenta falsa».

«Chicas, denunciadle el comentario y que le borren la cuenta».

«Ey @EnganchadosTV, ¿a esta chusma tenéis contratada?».

Las respuestas a mi comentario se suceden. Una por cada vibración que he notado.

—Lola, qué pasa. —Esta vez es la voz de Aida—. Tronca, tienes la cara desencajada.

«La he cagado», intento decir, pero noto que no me sale la voz, solo un lamento que se arrastra por mi garganta y muere antes de salir por la boca.

—La he cagado —repito, esta vez en voz alta, para que me oigan.

Las manos me sudan y noto que estoy temblando. No sé qué hacer. Aida y Berta me insisten, así que les cuento lo que ha pasado entre sollozos y con un tequeño en la mano que Aida me ha obligado a comer «para que se te baje el tequifresi».

—A ver —comienza Aida una vez que he terminado de hablar y tras la sorpresa inicial de Berta al descubrir que tengo una cuenta anónima («Dime que no la usas para ver stories de Jero»)—. ¿Lo ha visto Trixx?

—No lo sé, pero sus seguidores sí y me están machacando.

—¡Pero bórralo ya, tronca! —me ruge Aida. Con el rabillo del ojo veo que la cumpleañera de la mesa de al lado, a la que distingo porque lleva una de esas bandas que anuncian que ha cumplido veinticinco años, está inclinada hacia nosotras y frunce las cejas en un gesto de preocupación mientras apura el margarita.

—No lo borres —salta Berta—. Si lo borras es peor, ya lo han visto. Además, borrar un comentario con tanta interacción da mala suerte.

—Si no lo borra va a parecer que quiere declararle una guerra abierta a Trixx —sentencia Aida, mojando el pan en salsa chipotle.

—Igual deberías poner un comentario pidiendo perdón —comenta una de repente sensata Berta—. O intentar convencer a todos sus seguidores de que han tenido una alucinación colectiva. Esas cosas pasan. ¿Te acuerdas de las chicas que vieron a la Virgen en un campo reseco y luego les intentaron hacer creer que habían visto un foco o algo así?

Decido borrarlo porque creo que Aida tiene razón. Dejar el comentario significa que pienso eso de Trixx. Y así es, pero lo piensa mi versión monstruo del pantano, mi versión verde y envidiosa que sale de las profundidades como Cthulhu ante la llamada de su amo: el tequila de fresa. Mi versión serena siente arrepentimiento y vergüenza, así que decido seguir también el consejo de Berta.

—¿Convencerles a todos del delirio colectivo?

—No, pedirle perdón a Trixx —respondo, y me abanico con la servilleta manchada de tomate que está a mi lado. No sé si es mía o de Berta, pero me da igual. Me siento como si acabara de correr un maratón. Vamos, supongo que es así como te sientes después de un maratón, no lo sé seguro porque no hago deporte desde que acabé el colegio en 2010.

—Bueno, pero ya mañana —me ordena Aida, colocándome delante un plato con un trozo de tiramisú que no sé ni cuándo ha pedido.

—La gente se olvida pronto de estas cosas de internet. ¿Te acuerdas de cuando me hice viral porque dije que La Oreja de Van Gogh me gustaba más ahora que antes y Amaia Montero me respondió con el emoji del cuchillo? —recuerda Berta—. La gente se acabó olvidando, pero estuvieron dos días linchándome.

—Merecidamente —le digo, un poco más tranquila.

Entonces vibra mi móvil, que está encima de la mesa. Las tres intercambiamos una mirada tensa.

—Has borrado el comentario, ¿no? —pregunta finalmente Aida.

Asiento temblorosa pero sin decir nada, porque la sangre vuelve a bombearme tan fuerte que siento que en cualquier momento se me puede salir por la nariz. Abro Instagram y me recibe una avalancha de notificaciones en mis mensajes privados, personas que no conozco que me llaman desde «fracasada» hasta «amiga de mierda», pasando por cosas que no puedo leer sin que se me empañen los ojos.

Entonces me fijo en que alguien me ha mencionado en una historia. Me arde la cara. Es Trixx. «La envidia es mala, pero es peor creer que una persona es tu amiga y que luego se esconda detrás de una cuenta falsa para insultarte. Gracias a todos mis trixxers por avisarme del comentario que me ha puesto mi examiga Lola. Quiero que sepáis que esto no me va a cambiar y que voy a seguir confiando en mi gente como hasta ahora». Y culmina el párrafo con una captura de mi comentario en la que se ve perfectamente mi foto y mi nombre de usuario.

Le doy el móvil a Berta para que se lo lea a Aida porque soy incapaz de verbalizar nada. Mientras Berta lee en voz alta, lo siento como una acusación ajena. No me creo que esas palabras vayan dirigidas a mí.

Nos quedamos en silencio. No saben qué decir y no las culpo.

—Oye … —Una voz rompe la burbuja mortecina en la que hemos entrado. La cumpleañera ha girado la silla hacia nosotras y nos mira mientras bebe despreocupadamente de su margarita—. Estoy contigo, no es justo lo que te están haciendo. A mí también me gusta más ahora La Oreja de Van Gogh.

DE CUANDO A TRIXX LE ROMPIERON EL CORAZÓN

Me enteré de que a Trixx le gustaba Anto una noche de verano, mientras veíamos *Forjado a fuego* y cenábamos macarrones. Era esa época en la que te sienta bien comer pasta con queso por la noche porque no has llegado a los treinta. Aún vivíamos juntas, pero faltaba poco para que ella se mudara al piso en el que todavía sigue. Hubo un momento en el que Trixx se atragantó y dejó el plato en el brazo del sofá pero sin soltar el móvil. Mientras tosía, me enseñó a un chico de pelo largo recogido en un moño que hablaba a cámara en un vídeo, con las mangas de la camisa arremangadas y las uñas pintadas. «Me ha seguido», dijo con voz de colegiala ilusionada, aún tosiendo macarrones. Puso la misma voz días más tarde, cuando me dijo: «Hace vídeos con contenido feminista, tiene que ser superbuen chaval».

Trixx y Anto, quien odiaba que le llamaran por su verdadero nombre, Antonio José, y obligaba a todo el mundo a llamarle por ese diminutivo, se entendieron a la primera.

Aunque él era vegetariano y Trixx podía desayunarse dos vacas, hacían buen tándem y sabían a qué restaurantes ir a cenar que satisficieran las necesidades de ambos. Siempre que llegaba a casa después de quedar con Anto, Trixx se deshacía en elogios hacia él. Se derretía diciendo lo mucho que se complementaban, el buen rollo que tenían y lo caballeroso que era porque la noche anterior le había acercado un vaso de agua cuando tenía sed.

Estuvieron quedando casi todas las semanas, acostándose y yéndose de escapadas a Chinchón con Sandy, que era como llamaba Anto a su preciada moto. «Por la de *Grease*», le explicó a mi amiga, guiñando un ojo, pensándose Travolta. Unas semanas durante las que no habían tenido la famosa conversación de «qué somos», pero que tampoco parecía hacer falta: hablaban a todas horas, Trixx no tenía ojos para nadie más y, lo más importante, habían ido a la Tagliatella. En los años cincuenta, para formalizar una relación había que pedir la mano al padre de la novia. En 2022, compartes una *tartufi e funghi*.

A los tres meses, la cosa empezó a enfriarse. Un mal augurio, ya que a los tres meses es cuando se enfrían las relaciones que no están destinadas a durar más allá del chispazo inicial. «Anto ya no me habla, solo me responde», dijo Trixx, identificando bien una diferencia que cuesta apreciar cuando estás muy enamorada.

Una noche en la que yo no estaba en casa porque tenía un micro abierto en un bar ruinoso, Trixx se bebió sola una botella de Verdejo mientras veía *Tienes un e-mail*. El resultado fue un mensaje extralargo a Anto, uno que aglutinaba todo lo que la última semana había querido decirle pero que se había callado porque le daba miedo agobiarle y que se fuera. Trixx, como nos pasa a todos, no vio que ya se había ido. Cuando llegué a casa, me la encontré con la cara colorada, el móvil en una mano y la copa de vino en la otra, pero me dijo que no me preocupara, que no había hecho ninguna locura. Que sí, que le había enviado un mensaje a Anto interrogándole para saber si pasaba algo, pero que a la pregunta «¿De verdad estamos como siempre?», Anto había respondido que sí, que estaban como siempre, que no había pasado nada. Por primera vez en la historia, parecía que un mensaje de madrugada sin comas ni puntos había dado un bonito resultado.

Aquella conversación le dio a Trixx fuerzas para pensar que, aunque ya no hablaban como antes ni se veían tanto, todo seguía yendo bien. Anto se iba a ir de viaje a Nueva York una semana, me dijo Trixx una tarde en su cuarto mientras miraba la conversación que ambos habían tenido, como buscando señales en los mensajes de Anto que le dijeran en clave cuánto quería estar con ella, como la colocación de unos puntos suspensivos o la elección concreta de un emoji. Efectivamente, Anto se fue a Nueva York y Trixx estuvo tres días sin saber nada de él más allá de una foto en blanco y negro del Empire State que publicó en Instagram. «Te echo de menos», le escribió ella por privado. Él le contestó doce horas después culpando a la diferencia horaria, una excusa que ella asumió de buena gana.

Dos días después, Anto no había mostrado más signos de vida, ni en el WhatsApp de Trixx ni, alarmantemente, en su Instagram. Convencida de que le había pasado algo —«Se ha caído de la estatua de la Libertad, seguro»—, escribió a una amiga de Anto que ella conocía de haberse intercambiado un par de *likes*. Meses después de esto, Trixx me contó que no estaba segura de la respuesta que esperaba. No escribió a esta chica pensando que le iba a decir que a Anto le había atropellado uno de esos taxis amarillos y que estaba en el hospital, o que se le había roto el móvil y no podía publicar nada, o que, efectivamente, se había caído de la estatua de la Libertad. En el fondo sabía que no le iba a responder nada de eso, pero tampoco se esperaba un mazazo como el que recibió: «Está en Nueva York con su novia».

Durante los últimos tres días que Anto estuvo en Nueva York siguió ilocalizable. Quizá tuvo que ver con que estaba pasándoselo bien con su novia o con que Trixx le escribiera dieciséis mensajes que rezaban «Mentiroso de mierda», «¿En serio tienes novia?» o «No me lo puedo creer, pero si nos hemos ido juntos a Chinchón». Fuera por lo que fuera, Anto no contestó con un «Hola» hasta que volvió a Madrid. Quedaron en una cervecería y Trixx acudió enfadada y a la defensiva, pero se derrumbó al verle, tan moreno, con su moño tan arriba y sus uñas tan pintadas de negro sosteniendo una IPA tan de importación. Ella se vio incapaz de decir nada al principio y optó por dejar que hablara él y se explicara.

—Por cierto, Nueva York muy bonito, ya que no preguntas.

Ese tono socarrón que antes tanto le encantaba fue lo que sacó a Trixx de su letargo.

—Tienes novia, hijo de puta.

—Tengo una relación abierta. —Puntualizó «abierta», blandiendo esa palabra como argumento definitivo cual Phoenix Wright.

156

No era un mentiroso, ya que no le había dicho que estuviera soltero, aseguró Anto, que obviaba que se había comportado como tal. Su novia estaba al tanto de que él veía a otras chicas, así que él era inocente de todos los cargos. Ocultar información no es mentir, y daba igual que el corazón de Trixx se hubiera transformado en una pasa marchita y arrugada.

—Me lo podrías haber dicho —fue lo único que le pudo echar en cara Trixx en ese momento, tan débil.

—Para qué, si estábamos bien.

Anto pagó las cervezas, caballeroso como al principio, y acompañó a Trixx hasta la esquina de la calle donde sus caminos se iban a separar. «Si ya no quieres quedar es tu decisión y la respeto», dijo él con serenidad, cargándola a ella con una decisión que no había tomado, sino que la habían forzado a tomar. Anto le hablaba con la seguridad que le daba saber que Trixx no podía amenazarle con decírselo a su novia, porque su novia lo sabía.

El día siguiente, Trixx se lo pasó en la cama. Lloraba y releía sus conversaciones con Anto reflexionando sobre qué era lo que había fallado y se repreguntaba a sí misma si no le importaría seguir quedando con él y hacer lo que hacían hasta entonces, aunque él tuviera novia. Le echaba de menos y puede que él también a ella. Quizá si Trixx aguantaba lo suficiente el dolor que le suponía compartirle, él dejaría a su novia por ella. Esa noche dormimos juntas en su cama de metro treinta y cinco y yo solté pestes de Anto hasta que se durmió. El segundo día, Trixx ya no se planteaba volver con él, pero se derrumbó cuando pasó delante de un Tagliatella. Al tercer día, volvió a comer y borró a Anto de todas sus redes. Al cuarto día, se plantó en su casa. Reconoció a Sandy aparcada a escasos metros de su portal, su flamante Sandy negro brillante que no tardó en derribar de una patada.

Trixx me lo contó esa noche con una copa de vino en la mano, pero esta vez era la copa de la victoria. No sabía que tenía esa fuerza hasta que la descargó toda contra la moto de Anto, relató. Cada golpe que le asestaba a Sandy contra el pavimento era una tirita en el corazón de Trixx. Entonces no recordaba si alguien le dijo algo al verla así, con los ojos fuera de las órbitas y una sonrisa que apareció cuando el tubo de escape acabó descolgado. No lo recordaba porque en ese momento solo estaba pendiente de arrancar el retrovisor. Lo cogió y se lo llevó, dejando a Sandy agonizando en el suelo, rodeada de cristal, plástico y miradas curiosas.

Trixx consiguió que una vecina que la confundió con una repartidora de folletos del MediaMarkt la dejara entrar en el portal, subió hasta el piso de Anto y le dejó el retrovisor en el felpudo, el equivalente de nuestra generación a dejar una cabeza de caballo en la cama. Dicen que el grito de Anto se oyó hasta en Chinchón.

Si a Trixx le rompías el corazón, lo pagabas. Brindamos por eso entre risas y nos rellenamos la copa de vino.

Ahora se lo había roto yo. Y desde luego que lo había pagado.

DE CUANDO ENTRÉ
EN EL CAMERINO

Hoy Octavio me ha sonreído. Concretamente cuando se ha girado para mirarme mientras cuchicheaba con Patri. Los dos han soltado una risita y han seguido hablando en voz baja, para culminar con un Octavio vociferando «Ay, Patri, cómo eres», como dando a entender a la gente de alrededor —yo incluida— que había finalizado su aquelarre del chisme.

No han pasado dos semanas desde la última vez que vine a *Enganchados*, pero, al parecer, la colaboradora que debía venir hoy «se ha torcido el tobillo o se ha muerto, no sé», ha voceado el Teniente Juan, y su suplente estaba fuera de Madrid, así que solo les quedaba yo, la suplente del suplente. No han pasado dos semanas desde la última vez que vine, sí, pero por una vez me habría encantado seguir con mi rutina de venir una vez al mes. Quizá dentro de un mes la gente ya se habrá olvidado de que insulté a la influencer de moda o habrá otra polémica que tapará la mía. Pero una semana no ha sido suficiente. Sobre todo si el *Huffington Post* publica

159

una noticia titulada «La tiktoker Trixx destapa a un "hater" de Instagram y lo que ocurrió después te sorprenderá». Por supuesto, lo que ocurría después era yo, la mala amiga que la había traicionado. Por tanto, en vez de pasar la tormenta cobijada bajo mi manta viendo reposiciones de *Los Simpson*, he tenido que salir de mi refugio, hacer como si todas las notificaciones que tengo silenciadas de mis redes sociales en realidad no existieran y venir a sentir en la nuca las miradas punzantes de casi todo el equipo de *Enganchados*.

Soy consciente de que lo he hecho mal, de que no debería haberle puesto ese comentario a Trixx y de que a Trixx le ha tenido que doler, pero también soy consciente de que me cambiaría por ella ahora mismo. Ojalá ser yo la famosa a la que un don nadie insulta por redes, si eso significa que van a salir hasta medios de comunicación a defenderme. Trixx también lo ha hecho mal, pero a ella se le ha permitido seguir con su vida. A mí solo se me permite seguir flagelándome con los cuchicheos de Octavio El Naranja de fondo.

—¿Me estás oyendo? —La voz más brusca que de costumbre de Pau, el chico de vestuario, me baja a tierra.

—¿Qué?

Hace una mueca molesta y me entrega una percha.

—Acuérdate del segundo sujetador —me ladra.

Lo cojo preguntándome si unas tetas más grandes harán que la gente deje de odiarme antes y me encamino al baño. Un cartel colocado en el suelo encharcado me impide el paso. El baño sigue estropeado.

—¿En serio? —mascullo mirando la cañería rota, que a su vez me mira y se ríe mientras el agua sale a borbotones.

Oigo una risita a mi espalda y la subsiguiente carraspera que intenta ocultarla, sin éxito. Me giro. Ahí está Pau, intercambiando miradas cómplices con Ann La Becaria, a la que siempre ha ignorado y que hoy parece que es su mejor amiga. Noto un calor subiéndome por la nuca, el indicador que me dice que estoy a punto de explotar, y me acerco a Pau decidida, intentando no gruñir demasiado.

—¿Tienes algún problema conmigo?

Pau suspira y Ann La Becaria se esconde tras la montaña de vestidos y camisas que lleva en los brazos.

—No, no es contigo. —Su voz, antes compasiva, cambia a orgullosa—. Es que soy trixxer.

Tras unos instantes en los que no digo nada, me doy la vuelta y empiezo a andar a grandes zancadas, aún con mi ropa en la mano. Delante de mí está la puerta de salida, la que da al parking, donde me espera mi flamante policlean. Creo que ahora mismo toda la productora está esperando a que me quede con el culo al aire dentro de un baño portátil, como una forma de justicia poética o de karma después de lo que le he hecho a Trixx. Como si la forma en la que me tratan de normal ahora cumpliera su función de castigo divino. Visualizo a Octavio riéndose, a Pau, a Patri, a todos los redactores, maquilladores y guionistas. Todos tienen ganas de verme despojarme de la poca dignidad que asumen que me queda. Así que giro por el pasillo y subo las escaleras. Decido que, después de un año en *Enganchados* y de una semana en la que me he convertido en Satanás para todo internet, esta es la última vez que me pasan por encima. Me planto delante del camerino extra, ese que nunca puedo usar «por si llega un invitado de ultimísima hora», y abro la puerta de golpe. Sí, he decidido que esta es la última vez que me pasan por encima, pero lo malo es que lo he decidido de forma unilateral.

Una cabeza rubia se gira rápidamente ante el estruendo que ha provocado mi entrada. Patri está sentada en un sofá y, pegada a las rodillas, una mesa con un polvillo blanco perfectamente colocado. Se toca la nariz, mirándome desubicada mientras aspira con fuerza.

Mierda.

Mierda. Mierda.

Mi ira y mis ganas de plantarle cara a la justicia poética se desvanecen. Noto cómo caen hasta mis pies y se van corriendo del camerino. Ojalá pudiera ir yo detrás, pero me siento clavada al suelo.

—Per... perdón —acierto a balbucear.

Patri me mira en silencio, casi con curiosidad. Sigue toqueteándose la nariz con sus dedos finos y perfectos, coronados con una manicura que cuesta más que mi alquiler.

—No, no, tranqui. —Palmea el asiento que hay a su lado—. Ven. Y cierra, anda.

Obedezco porque no sé qué otra cosa hacer.

—¿Quieres una? —dice despreocupadamente, señalando la mesa.

—No, gracias. —Aún llevo en las manos la ropa que me iba a poner, pero no me atrevo a dejarla en ningún sitio, así que la tengo en mi regazo. Noto que me arde la cara—. Perdona, no sabía que estabas aquí.

Patri saca un cigarrillo, lo enciende y le da una calada eterna. Descansa la cabeza en el respaldo del sofá antes de contestar. De repente, la Patri de Instagram que sube fotos de una nueva marca de puerros me parece una persona diferente.

—Es mi remanso de paz. Octavio suele esperarme en la puerta de mi camerino. Es peor que mi pomerania. Una vez se plantó en mi casa para traerme unas galletas o no sé qué que había hecho. ¡En mi casa! ¿Sabes? O sea, una invasión de mi intimidad pero en toda regla. Y yo ya tengo bastante, ¿sabes? No puedo ir al súper. He dejado de ir al súper y ahora solo va mi marido. Que si hazte una foto conmigo, que si hazte una foto con mi hijo... Y luego esas fotos las suben, ¿sabes? ¡Y es mi imagen! —Solo deja de hablar para darle otra calada al cigarrillo—. Y luego venir aquí... Me aburro tanto. Todos los días lo mismo. Todos los días el puto Juan metiéndome más guion, ¿sabes? Soy la que más habla del programa. ¡Y Octavio! Octavio no para de hablarme. Antes me estaba diciendo algo de ti, de hecho. No lo soporto. La gente que habla mal de los demás a sus espaldas, ¿sabes? Me pone negra.

No me atrevo a mover un músculo. Me siento como si estuviera delante de un animal salvaje, un león que me está olfateando curioso pero que en cualquier momento me puede meter un zarpazo, y suelto la frase más vacía de la historia porque siento que tengo que decir algo:

—Ya... Octavio tiene sus cosas.

—Lo que no tiene Octavio es talento, por eso se acerca a la gente que sí lo tiene — replica Patri, abriendo la compuerta de la mierda—. El año pasado presenté la gala esa benéfica para las víctimas de los accidentes de tráfico, sabes cuál, ¿no? Donde a Carlos Baute le salió un gallo cantando «Colgando en tus manos». ¡Muy fuerte! Si no cantas bien por las

víctimas, ¿por quién vas a cantar bien? Me entiendes, ¿no?
—Asiento mucho con la cabeza—. Pues Octavio me estuvo pidiendo que le llevara a la gala. Que si «Patri, quiero verte brillar», que si «Patri, te voy a hacer muchas fotos», que si «Patri, es tu momento»... ¿Te crees que no lo sé? No necesito un lameculos siguiéndome todo el rato, ¿sabes? Y encima la gala fue un coñazo. Y lo peor es que este año no me han llamado. Y a Carlos Baute sí.

Aprovecho que le da otra calada al pitillo para intervenir. No sé qué está pasando, pero de repente Patri es simpática conmigo y odia a Octavio. Dos buenas noticias juntas.

—Pero si fue un coñazo, mejor que no te llamen, ¿no?

Ella niega fuerte con la cabeza mientras suelta el humo. Me da miedo haberlo estropeado.

—Sí, fue un coñazo, pero era mi coñazo, ¿sabes? Ahora han llamado a la influencer jovencita de turno. No quiero hacerlo, pero tampoco quiero que lo haga otra, ¿entiendes lo que quiero decir?

Pienso en Trixx. Pienso en el evento de las cervezas. Y se me hace un nudo en el estómago.

—Mucho. A veces me han quitado trabajos que pensaba que no quería... —Hablo con cuidado, observando a Patri porque sé que todavía no es mi amiga. Ella me mira con interés, así que prosigo—: Hasta que se los han dado a otra persona. Y me he sentido... rechazada.

Patri se inclina hacia delante y me señala con el cigarrillo.

—Exacto. Este mundo es muy competitivo, ¿sabes? Es una puta mierda. Y te lo curras y da igual cuánto te lo curres, porque al final nada depende de ti. O sea, hay muchas

164

cosas que no puedes controlar, ¿sabes? Y yo eso lo llevo muy mal. Tengo cinco hijos, estoy acostumbrada a controlarlo todo.

—Sí. Aunque lo hagas bien, no quiere decir que te vaya a ir bien —digo, y me sorprendo de que las dos pensemos igual, de que Patri, que está en la cúspide, esté tan frustrada como yo, que estoy en la mierda.

—Ya... —Apaga la colilla en un plato decorativo de un jarrón—. Tú y yo tendríamos que haber hablado más, ¿sabes? Es guay.

—¡Ya ves! —respondo, contenta. Patri se ha abierto mucho conmigo y una amistad con Patri, como Octavio bien sabe, puede llegar a significar mucho—. La próxima vez que venga, charlamos cuando quieras.

Ella me mira con los ojos abiertos, como sorprendida de lo que le acabo de decir.

—Pero ahora te vas a tener que ir, lo sabes, ¿no?

Sonrío, confundida.

—Irme ¿adónde?

—O sea, no es culpa tuya. Has tenido mala suerte. Es lo que te digo, ¿sabes? Hay cosas que no puedes controlar. Has entrado donde no debías y me has visto hacer esto... —Señala la mesa en la que aún hay restos de polvo blanco—. Pero, claro, ahora no puedes seguir en el programa.

Me quedo congelada. Noto que hago varios intentos por hablar, pero me cuesta por la enorme presión que siento en la garganta.

—¿Por qué? ¿Por haberte visto? ¡¿Por verte hacer eso?! —exclamo a trompicones—. Pero no lo voy a contar, no tienes que echarme.

—Eso dijo Marisa también. —Al principio no caigo, pero me viene a la memoria como un fogonazo: Marisa, la que estaba antes que yo de colaboradora. La que se intoxicó con el kebab. La que no volvió y por la que entré yo—. Si Marisa saliera ahora diciendo que me meto, ¿sabes qué diría la gente? Que está loca, que está enfadada porque la echamos, que quiere casito o algo así, ¿sabes? —Se atusa el pelo observándose en el espejo, y me mira a través de él—. Pero si siguiera aquí… —chasca la lengua en un gesto de preocupación—, habría quien lo creería, ¿sabes? ¡Podría llegar hasta a mi hijo!

No le pregunto a cuál de los cinco porque mi cerebro acaba de encajar unas piezas muy desagradables.

—¿Hiciste que echaran a Marisa?

—Bueno, así entraste tú —me sonríe—. De nada.

Estoy a punto de verbalizar que no puede hacerlo, que sería despido improcedente, pero me callo de golpe. Soy autónoma, ellos pueden llamarme cuando quieran y yo firmo ese día, cuando me dan de alta. Si no vuelven a llamarme, puede ser por cualquier cosa, y están en su derecho: porque cambian el programa, porque ya no les gusto o porque he pillado a su colaboradora estrella-ídolo-de-la-maternidad-vegana metiéndose tremendo rayote.

Hace un rato que no hablo. Solo puedo mirarla con una expresión que creo vacía, sin saber qué decir, hacer o incluso pensar. Ni siquiera sé si esto está pasando.

—De verdad que no es nada personal, no soy una mala persona —me dice, colocando una mano en su pecho, mostrando una empatía que ahora me da arcadas—. Es por mis hijos.

No contesto porque no tengo nada con lo que defenderme. Sigo sentada, pero Patri se ha levantado del sofá y está dando vueltas por el camerino. Se mira en el espejo y se alisa la falda.

—En fin, habrá que ir al coñazo de reunión.

Sale por la puerta y yo me quedo sentada en el camerino que quería desde hace un año, con los ojos rojos y los puños prietos, cerrados alrededor de la ropa que todavía tengo en el regazo y que es lo último, ya, que me ata a *Enganchados*.

DE CUANDO FINGÍ QUE TODO IBA BIEN

Volver a casa por Navidad cuando eres adulto no es idílico como en un anuncio de turrón. Es raro. Tengo treinta años, pero desde que entré por la puerta parece que vuelvo a tener dieciocho.

Llegué anoche, un día antes de Nochebuena, apurando lo máximo posible por si, ante la cercanía de las fiestas, recibía una llamada de última hora de *Enganchados*. No me han vuelto a llamar en todo el mes, como suponía, pero una parte de mí tenía la esperanza de que a finales de diciembre la cosa cambiara. «Oye, tú, nadie quiere venir porque es Navidad», me ladraría el Teniente Juan por teléfono. Y yo llegaría a *Enganchados* feliz, con la ilusión renovada no por un amor repentino al programa, sino por haber experimentado el miedo a perderlo. Quizá Patri me parara por el pasillo y me dijera que conmigo haría una excepción a cambio de que le sacara fotos para no tener que volver a aguantar a Octavio. Y yo, agradecida, aceptaría. Cualquier cosa antes que aceptar la realidad: que me han despedido. Que ya no voy a volver a la televisión y que me toca aceptar lo que todos sabemos que eso significa en esta profesión: fracaso.

«No es un fracaso, ¿te acuerdas de cuando me despidieron de mi puesto de animadora infantil en aquel hotel de Alcobendas porque se me explotó un globo en la cara de un niño? Pensaba que estaría en el paro para siempre, pero luego vino aquel curro de echa-colonia en el Carrefour», me intentó consolar Berta cuando le conté que no volvería a *Enganchados*. Le dije que sí, que tenía razón, aunque recuerdo que de allí también la terminaron despidiendo por llevarse a casa una caja con adornos navideños del año anterior que encontró en el almacén. Eso es todavía más injusto que despedir a alguien porque ha descubierto que otra persona se mete cocaína.

Anoche tardé en dormirme. No solo porque volviera a ocupar mi cama nido de noventa y llevara uno de los pijamas que mi madre compró en el Alcampo hace quince años. Tampoco porque el póster de Kurt Cobain me mirara desde la pared, juzgándome, y se le sumaran varios peluches desde las estanterías, los que hace años dormían conmigo pero que ahora no recuerdo qué nombre les puse. No pude dormir porque me imaginaba que si mi carrera no se encauzaba en los próximos meses, esta podría volver a ser mi casa.

Lloré un rato, maldiciendo a la Lola del pasado que no pudo estarse quieta y entró en el camerino, a la tonta que quiso reclamar respeto en vez de esperar tranquila a que amainara el Huracán Trixx. Es fácil hablar cuando ya ha pasado todo y sabes lo que no tendrías que haber hecho —o piensas que lo sabes—, pero lo que es más fácil es culpar a otra per-

170

sona. Hasta las tres de la madrugada estuve repasando las palabras de Patri, sus gestos, la forma de alisarse la falda, el humo del tabaco saliendo de su boca, su mano en el pecho, apesadumbrada por mí. Estuve un rato recreándome en esta nueva versión de Patri que conocí hace un mes y odiándola. Cuando empezaron a pesarme los párpados, la forma de Patri se revolvió y se convirtió en Trixx. Luego, me dormí.

—¡Ya ha llegado la famosa! —chilla uno de mis tíos cuando me ve aparecer por la puerta para la cena de Nochebuena.

Lo extraño de mudarte a otra ciudad es que parece que en la que dejaste no ha pasado el tiempo, al menos en la forma en la que te perciben quienes te han visto crecer. El personaje que tenía cuando me fui aquí sigue siendo el mismo. Cuando me marché a Madrid al terminar la universidad era «Lola, la intrépida recién graduada en Periodismo que parte hacia la gran ciudad en busca de fama y sueños». Los encontré rápido, si por fama y sueños entendemos un periódico morroñoso y la oportunidad de contar chistes en el escenario de un semisótano, pero no importaba. Cuando volvía por Navidad, había omitido suficiente información como para seguir siendo «Lola, la periodista que ha conseguido trabajar en un importantísimo periódico». Cuando empecé en *Enganchados* pasé a ser «Lola, la estrella de la televisión en la que todos confiábamos». Por supuesto, no saben nada de mi reciente despido. Para los familiares a los que solo veo unas tres veces al año, esta es la Lola que soy. Pase lo que pase, soy la Lola que triunfa. No sé si es la Lola que tengo que mostrarles, pero desde luego es la que quiero ser aquí.

Las últimas Navidades no lo sabía, pero fingir entonces que me iba bien era mucho más fácil que ahora. Es verdad que seguía en el periódico, pero también acababa de descubrir mi pasión por hacer comedia y eso me ayudaba a tirar hacia delante. Pelaba gambas y ensanchaba alguna anécdota de la redacción, algo que para mí era cotidiano y aburrido, pero que para mi familia era algo apasionante porque se enteraban de los entresijos del cuarto poder gracias a su hija, prima o sobrina a la que le iba tan bien.

Este año me pregunto si antes era verdad que me iba bien. El año pasado, a grandes pinceladas, tenía un trabajo y tenía un sueño. Ahora siento que no tengo adónde ir. Peor, pienso mientras miro el pollo con desprecio: he tenido adónde ir, pero me he cargado el camino. Lo he roto todo.

—¿Y qué tal en la tele? —me pregunta una de mis tías.

Toda la mesa, expectante, se gira hacia mí. De repente me parece una mesa enorme. Digo que bien, aunque haga más de un mes que no salgo en *Enganchados* y no tenga perspectivas de volver. Pero le digo que sí, que mucho trabajo, pero que es muy guay porque, claro, es la tele. ¿Cómo va a ser malo trabajar en la tele?

Consigo esquivar un poco el tema y doy gracias a que una de mis primas se haya comprado una moto nueva y mi padre le esté preguntando por ella, mientras uno de mis tíos repite que era mucho mejor idea un coche. Pero entonces mi prima la de la moto me señala con la copa de vino.

—En tu programa llevasteis a un pavo que tuneaba motos, quiero llevársela. —Apura el vino y, para mi desgracia, sigue hablando—: ¿Cómo se llamaba tu programa? ¿*Enredados*?

«Tu programa».

—*Enganchados*. Oye, ¿este pollo era salvaje? —digo para cambiar de tema, pero sin saber muy bien qué acabo de preguntar.

—¿Y no te gustaría presentar el telediario? —pregunta una de mis tías, como si el obstáculo fuera que no se lo he propuesto a la cadena—. Ay, o las campanadas. —Lo dice entusiasmada, mirando a los demás orgullosa de la idea que ha tenido. Todos asienten, muy de acuerdo. Yo debería presentar las campanadas, dicen. La oferta debe de estar al caer, insisten.

Estar aquí es como estar en un universo paralelo en el que presento *Enganchados*, tengo un millón de seguidores en redes y no he insultado a Trixx públicamente.

Por favor, quiero quedarme en ese universo.

Estoy terminándome el pollo cuando me vibra el móvil. Eloy me ha enviado un vídeo en el que se le ve a él con cuerpo de elfo pero con sombrero de mago y que corona con un «Que tengas una Navidad… mágica». Lo observo con la misma sensación con la que se observa un accidente de tráfico: es horrible, pero no puedo apartar la mirada. Me doy cuenta de que no he contestado a ninguno de sus mensajes anteriores, así que le escribo el «jaja» más falso de la historia. Cierro su conversación y automáticamente abro la de Jero. Los últimos mensajes son los emojis que le envié hace un par de meses aquella vez que fui sola a un bar, pero es Navidad y está totalmente justificado que le envíe algo. De hecho, quedaría fatal si no lo hiciera.

—Seguro que te contesta, es Navidad —me dice la copa de vino.

Empiezo a escribir un «Feliz Navidad», pero de pronto me parece demasiado formal, así que lo borro y decido enviarle el emoji del árbol de Navidad. Un emoji después de los catorce emojis de hace dos meses. Genial.

—Oye, Lola —una de mis sobrinas pequeñas me habla con la boca llena e interrumpe mis tácticas de seducción vía WhatsApp—, ¿conoces a Aitana?

Toda la mesa vuelve a girarse hacia mí en silencio, porque escuchar que tu hija, prima o sobrina conoce a un famoso es mucho más importante que sacar el postre. Y yo, como en mis shows, le doy al público lo que quiere, porque yo tampoco quiero salir de aquí.

—Sí, es muy maja. —Bebo de mi copa de vino porque de repente no me siento bien hablando más.

Mi sobrina la fan de Aitana abre mucho los ojos y la boca, dejando entrever unos macarrones a medio masticar.

—¿Me la presentaaas? —pregunta con una vocecita dulce.

Las risas llenas de ternura que inundan la mesa me ayudan a quitarle importancia a su petición y río yo también, o lo intento, antes de volver a acercarme la copa de vino. Aprovecho que varios se levantan a llevar los platos para unirme a ellos y huir así de una posible petición de su madre para que le consiga entradas para uno de sus conciertos. Me relajo cuando llego a la cocina porque la conversación allí ha cambiado de tercio: una de mis tías y uno de mis tíos debaten sobre si el turrón hay que sacarlo durante o después de los postres. Dejo mi plato en la encimera y aprovecho para sacar otra botella de vino que, decido, va a ser toda para mí.

—¿Cómo estás? —me pregunta mi madre. Me giro después de echarme vino en la copa. En la cocina solo quedamos nosotras dos. Oh, no.

—Bien, bien, ya os he contado, el curro bien. —Y bebo, mi truco infalible para no hablar.

—¿Y lo de Trixx? —Me lo dice suave, no como una acusación, pero creo que los ojos se me acaban de salir de las cuencas—. Es que vi el *Huffington Post* y te sacaban.

Por supuesto, mi madre de sesenta y dos años tenía que leer un periódico digital sobre noticias virales y memes. Intento mantener la calma, pero he dejado la copa en la encimera y la he levantado dos veces seguidas, en un claro tic nervioso.

—Bueno... —consigo decir como si no me importara—. Se pasará. —En el fondo lo creo de verdad, pero aquí no he sonado convincente.

—¿Por eso ya no te llaman de *Enganchados*? —Bum. Mi madre acaba de usar conmigo la técnica del embudo, esa que te enseñan en Periodismo para sacar información poco a poco y la que yo, con mi pánico al teléfono, jamás supe usar bien. Gracias, mamá, por una clase magistral—. Siempre nos avisabas cuando salías. Y como ya no subes fotos nuevas a Instagram...

—¿Qué? —Si toda la conversación previa me ha golpeado por todas partes, su última frase me acaba noquear—. ¿Cómo que no subo fotos?

—Nuevas no. Subes, pero con ropa antigua. Bueno, sabes que me encanta cómo te visten en la tele, entonces me fijo mucho, y este mes he pensado: «Uy, este conjunto me suena». ¿Te acuerdas del conjunto de la falda de leopardo que te dije que quería para mí? —Su tono preocupado y maternal acaba de cambiar a uno casi festivo, recordando lo mucho que le gustaba esa falda—. Pues ese lo has subido esta semana y digo: «Uy, eso es antiguo. ¿No la han llamado más veces?». Y...

—Espera —la corto—. ¿Me sigues en Instagram? —Mi madre dibuja una sonrisa ladeada, como de niña a la que han pillado haciendo algo que no debía—. ¿Tienes Instagram?

—Mi copa de vino ya está vacía, así que no importa lo mucho que estoy gesticulando. Pienso en la cantidad de stories que he subido de fiesta, en los vídeos con chistes sexuales, en los vídeos con chistes de droga, en los vídeos con chistes sobre mis exnovios, en los vídeos con chistes sobre mis padres...—. ¡¿Desde cuándo tienes Instagram?!

—Es que te fuiste a Madrid y estaba preocupada —se excusa.

—¿Cuál es tu nombre de usuario? —pregunto de inmediato, dispuesta a recordar si he intercambiado algún mensaje con ella sin saber que era mi madre.

—Gatitosmonos59.

Me relleno la copa de vino con la actitud de quien se da por vencido.

—Ya —digo después de un rato—. Lo de *Enganchados* es un asco. —Me ha temblado un poco la voz, así que dejo de hablar.

Desde que hace un par de años le dije, quitándole hierro, que me habían echado del periódico, esto es lo más cerca que he estado de aceptar una derrota delante de ella. No sé muy bien por qué, pienso acabándome ya la copa recién puesta, si no me juzgó entonces y tampoco tiene pinta de que me vaya a juzgar ahora. Supongo que es lo mismo que me pasa con Aida y con Berta: no quiero decirlo en voz alta porque entonces es real.

—Bueno, te van a salir más cosas. Siempre te sale algo. ¿Te acuerdas de cuando a tu tío lo despidieron hace tres años? Estaba fatal y míralo ahora, con su propia empresa de gorras. Se inspiró en el presentador de tu programa. Ha traído varias, por cierto. Creo que es tu regalo de Navidad. Haz como que te gustan, ¿vale? Se pone muy contento. —Agradezco que mi madre tenga tanto carrete, porque eso significa que ya no hace falta seguir hablando de mis fracasos.

—Vale, sí, como el año pasado. —Me dispongo a salir de la cocina antes de que haya un segundo asalto—. Espero que no sea roja otra vez.

—Oye, y… —ahora susurra y se pone delante de la puerta, en actitud de contarme un secreto de Estado—, no mientas a tu sobrina. Se emociona y cree que le vas a presentar a Aitana.

Voy a beber de la copa, pero está vacía.

—Aquí nadie te va a juzgar —prosigue mi madre. «Si dices que eres una fracasada», completo yo. Pero no es verdad. Yo lo voy a hacer—. Cuando tu tío perdió el trabajo, nadie le dijo nada, ¿te acuerdas?

«¿Y tampoco lo pensasteis?».

—Es verdad —digo finalmente.

—Podrías contarles la verdad… por tu sobrina.

Resoplo justo cuando una de mis tías entra en la cocina como un elefante en una cacharrería buscando una cerveza. Aprovecho y salgo al salón, donde, como antes, hay un gran barullo montado. Me siento en mi silla y veo que alguien ha llenado mi copa con champán. Perfecto.

—¡Voy a conocer a Aitana! —chilla mi sobrina la fan de Aitana desde el otro extremo de la mesa.

—¿Qué se le dice a la tita Lola? —dice su madre en un claro intento de destrozarme.

—¡Gracias, tita Lola! —vuelve a chillar emocionada y con la cara manchada de salsa de tomate.

Mi madre me mira desde su sitio en la mesa y una copa de champán se cruza por delante de las dos.

—¡Un brindis! —grazna mi tío el de las gorras con la cara colorada—. Venga, ¡por Lola! Que siga triunfando, pero que venga más a vernos.

Quiero esconderme debajo de la mesa.

Entrechocamos las copas. Yo me bebo la mía de un trago.

—Tengo que decir algo —suelto sin pensar.

Toda la mesa, una vez más, se gira hacia mí con una gran sonrisa en sus caras.

—Venga —me dice el turrón encima de la mesa—. Dilo, pide ayuda.

Me aclaro la garganta.

—En realidad —empiezo— Aitana no es tan maja.

DE CUANDO
SE ACABÓ EL AÑO

Cuando tenía dieciocho años empezaba a planear cómo iba a pasar la Nochevieja desde principios de octubre. Salir era algo sagrado, sobre todo en una fecha como fin de año, que conlleva la obligación de pasárselo bien. El primer 31 de diciembre que pasé en Madrid lo hice a la intemperie en Sol, acompañada de Trixx, con un matasuegras y gritándole a una reportera de Antena 3 que llevábamos dos horas esperando para ver las campanadas desde aquí pero que merecía la pena. Por supuesto, no la merecía. A medida que me acercaba a los treinta, Nochevieja pasó a ser el día del año que más pereza me daba salir; es decir, lo que siempre había sido pero nunca había aceptado porque era joven y mi obligación era terminar la noche abrazando una farola. Desde que lo reconocí, mis finales de año han sido mucho menos salvajes de lo que fueron durante mis veintipocos. Por ejemplo, hace dos años me tomé las uvas con Berta mientras veíamos *Pirañaconda 3*, una Nochevieja que le dio mil vueltas a la del año pasado, cuando Eloy me obligó a ir a un espectáculo de «Magia para adultos» en un bingo del centro y donde me bebí cuatro gin-tonics cuando me di cuenta de que Eloy no era parte del público, sino el propio mago.

Este año, mi plan es mirar la pared hasta que me duerma.

—Va, dramática —me ladra Berta cuando le cuento mi propósito.

Volví un par de días después de Navidad, ya sintiendo ese agobio tan familiar que me viene cuando paso más días de los previstos en mi hogar natal. «Tengo planazo para Nochevieja», me había dicho Berta. Suponiendo que íbamos a ver *Tiburones nazis contra pulpo gigante*, me planté en Madrid deseosa de algo que me despejara la mente. Hacía días que ya nadie me insultaba por las redes, lo que, sumado a una propuesta de peli mala en Nochevieja, me dio el empujón anímico que necesitaba.

Hasta que Berta me ha contado el plan real.

—Berta, no voy a ir —le digo, desplomada en el sofá.

Esta vez Berta se las ha arreglado para cuidar las plantas en un dúplex del centro, si por «cuidar las plantas» entendemos que me llame para beber cerveza en la terraza acristalada y probar el jacuzzi. Sé que dije que no volvería a ducharme en casa de un rico sin su permiso, pero, técnicamente, bañarse en un jacuzzi no es darse una ducha.

—¡Pero va a molar! Mira dónde es.

Berta sostiene su móvil delante de mi cara para que vea la foto del interior de una discoteca con sofás tapizados, cortinas de terciopelo y plantas exóticas de interior, un ecosistema ideal para el apareamiento y la reproducción de futbolistas de élite.

—Me da igual, va a estar Trixx.

Porque el plan que ha propuesto Berta ni tiene tiburones nazis ni pulpos gigantes, tiene algo más peligroso: a Trixx y a todos los demás colaboradores de *Por la night* en una fiesta exclusiva que celebran por sus doscientos programas y que, además, aprovechan como excusa para celebrar el fin de año. Berta me ha insistido en que es abierta al público, que los primeros cien que escribieran tendrían entrada y que el mail se colapsó a los quince segundos de que se publicara la convocatoria, pero que como ella trabaja allí, ha podido apuntarse con un más uno y que me vendrá bien hablar con Trixx cara a cara para cerrar el tema como «personas humanas», ha especificado. «Si fuerais pangolines, tendríais que luchar a cabezazos hasta que solo quedara uno. Pero sois humanas y tenéis la oportunidad de hablarlo».

—No me veo con fuerzas —rezongo con la cabeza colgando del sofá.

Veo el cuadro en la pared de enfrente boca abajo y también la mesita de té bañada en oro, las orquídeas de la esquina y el sofá esquinero blanco impoluto que se alza enfrente de este. Todo está al revés. Pienso que mi vida está igual.

—Vale —acepta Berta. Está mezclando champán con zumo de naranja para hacer mimosas, solo que este champán no tiene pinta de ser de los que se usan para mezclar—. Pero no nos vamos a quedar aquí, no te va a venir bien, tienes que salir.

—Pues salimos a la terraza. —Señalo hacia la derecha, aún al revés—. ¿Qué mide? ¿Cien metros?

—No, tienes que salir de casa. —Berta se pone de pie, lo que significa que va en serio—. Elige: o la fiesta de *Por la night* o... —titubea un poco—, o un plan sorpresa que me acabo de inventar.

—Lo del plan sorpresa ya me lo hizo Eloy el año pasado —mascullo mientras lo recuerdo sacando un tres de corazones y recibiendo los aplausos de los diez jubilados que fueron a verle.

—Te juro que no te llevo a un espectáculo de magia.

Me incorporo despacio y cojo la copa de Berta.

—Vale. —Le doy un trago. Se nota que el champán cuesta el sueldo de un año—. Elijo sorpresa. Pero volvemos pronto y vemos la última de *Sharknado*.

La monstruosa discoteca que Berta me ha enseñado antes se yergue ante mí.

—¡¿Qué plan más sorpresa hay que traerte aquí?! —exclama con una radiante sonrisa. Me cago en todo.

Estamos en la calle de enfrente, después de un paseo de diez minutos desde el metro. Un paseo durante el cual me he estado quejando de lo mucho que me dolían los tacones y diciendo que más valía que la sorpresa de Berta mereciera la pena.

—Berta, te mato.

Miro a mi alrededor buscando una huida. El McDonald's me saluda, contento y abierto, invitándome a entrar aunque vaya vestida con un minitop de lentejuelas, y la verdad es que no se me antoja descabellado pasar ahí la Nochevieja.

—Lola, tienes que dejar de tenerle miedo a Trixx —me ordena Berta. Ella no lleva tacones, así que parece mucho más bajita que de costumbre—. Os tomáis algo, le pides perdón por el comentario y ya está. —Me mira desde abajo, diciéndome qué hacer como Pepito Grillo—. Te vas a quitar un peso de encima.

Entiendo lo que dice. Entiendo que la pelea con Trixx ha sido el detonante que me ha tenido hundida estos dos meses. Entiendo que, aunque hacer las paces con ella no me vaya a devolver a *Enganchados*, es una forma de engañar a mi cerebro y decirle que las cosas empiezan a ponerse en su sitio. Lo entiendo, pero no quiero hacerlo.

Estoy pensando una excusa que sintetice todos mis miedos de ser ignorada, humillada o incluso de empeorar la situación, cuando Berta pronuncia las palabras mágicas:

—Hay cena gratis.

Cruzamos la calle y nos colocamos en la cola de la entrada, que avanza más rápido de lo que debería. Echo un vistazo a mi alrededor. No hay rastro de Trixx ni de los demás colaboradores del *late*. Si van a hacer un show, seguramente lleven dentro bastante tiempo, así que me relajo un poco. Berta le da su nombre al armario que custodia la puerta y entramos.

—Voy a buscar comida —me grita Berta por encima de la música, y desaparece rápidamente entre la multitud antes de que pueda decirle que no me deje sola.

Avanzo hacia la barra intentando pasar desapercibida. Como ha dicho Berta, han venido muchos fans de público, pero yo me siento como una extraña que se acaba de colar. Como alguien que no debería estar aquí. De repente me da miedo que alguien me reconozca, aunque sea algo que apenas ha pasado en el último año, si no contamos al amable camarero a quien vomité en los pies. Hubo una vez una chica que me paró por la calle y me dijo que me conocía de *Enganchados*. Me hizo mucha ilusión hasta que empezó a recordar con todo detalle lo que había pasado en el programa emitido el 4 de abril y en el del 18 de julio y en el del 9 de diciembre, y dejé de sentirme especial porque supuse que, si se lo hubiera encontrado, también habría parado por la calle al regidor número tres. En otra ocasión, una señora mayor me habló en el súper diciendo que le sonaba de algo. Agradecida y con una tableta de Milka en la mano, le dije que seguramente era de *Enganchados*, pero luego dijo que no, que si no era yo la que había salido con su nieto el pelirrojo.

Que me reconozcan no ha pasado muchas veces, pero ahora tiemblo ante la idea de que alguien me señale y grite que ahí está la pringada que insultó a Trixx y que, encima, ha tenido la cara dura de venir a su fiesta.

Consigo una cerveza justo al tiempo que las luces del escenario se encienden y la gente, hasta ahora diseminada en grupitos por la pista central, se agolpa intentando conseguir la primera fila para ver de cerca a sus ídolos. Uno de los colaboradores del programa sale al escenario entre los aplausos de toda la discoteca y hace una especie de chiste para explicar que el presentador de *Por la night* hoy no estará con nosotros porque es demasiado rico para venir a estas cosas.

—¿Qué haces tapándote con la cerveza? —Berta, que acaba de volver, me mira con una bandeja de jamón en la mano—. Nadie te va a decir nada, dramática. Disfruta un poco.

Le cojo una loncha como respuesta.

En el escenario se siguen sucediendo los colaboradores. Colaborador Masculino 2 ha salido con un gin-tonic en la mano, demostrando una vez más que la diferencia entre trabajar encima de un escenario y estar en la barra de un bar a veces es nula. Colaborador Masculino 1, que lleva las riendas del evento, anuncia entonces a la colaboradora del programa. Solo tienen a una mujer en *Por la night*, así que no hay duda de quién se trata. Me pongo rígida. Miro a mi alrededor, de repente convencida de que este evento es una emboscada y de que todo el mundo está compinchado con Trixx para tirarme encima un cubo con sangre de cerdo, como en *Carrie*, y subirlo a YouTube.

Berta, ajena a todo, se mete tres lonchas de jamón en la boca.

Trixx aparece en el escenario. Avanza a grandes zancadas, despacio, recreándose y lanzándole besos al público, con un aura que no le había visto nunca. Trixx, la que lloraba cuando se miraba al espejo, la que se creía inferior a un hombre que se pintaba las uñas, la que me consultaba cuatro veces el mismo chiste antes de subirlo a redes, se abre paso en el escenario, se lo come, lo traga y lo escupe. Se detiene en el centro, choca las manos con los de la primera fila, posa para las fotos y se sienta en el sofá junto a Colaborador Masculino 2, con los brazos extendidos a lo largo del respaldo.

Yo estoy clavada en el suelo con la cerveza en la mano mientras la observo con miedo, admiración, envidia y aversión, todo a la vez, tan mezclado que no sé ni lo que estoy sintiendo. Por eso, creo, solo puedo mirarla sin moverme.

Le doy otro sorbo a la cerveza y de repente me pongo muy triste. Trixx está ahí arriba y yo estoy aquí, tan abajo.

Pasan los minutos lentos y espesos, aunque creo que solo para mí, porque el resto de la sala parece estar disfrutando muchísimo. Repaso mentalmente lo que le voy a decir: «Trixx, lo siento mucho. No sé qué me pasó, no tendría que haber puesto el comentario. Fue infantil y no te lo mereces». Muevo los labios mientras lo repito una y otra vez y temo un poco que alguien me mire y piense que estoy lo suficientemente loca como para susurrar un conjuro.

En algunos momentos me sorprendo mirando de reojo el escenario, como si Trixx fuera a verme desde allí y a pararlo todo para echarme del local. La miro como se mira a un ex cuando ves que va por la acera de enfrente. La miro entre ráfagas de remordimiento. Pienso: «Si siguiera siendo amiga suya, ¿me presentaría a los de *Por la night*?» y, sobre todo, «¿Cuántas veces puede una pensar algo así sin darse asco?». Como no quiero contestarme a nada, me pido otra cerveza.

Veo que Colaborador Masculino 1 por fin se levanta y anuncia el fin del show y el inicio de la fiesta, «no sin antes soplar la tarta de los doscientos programas». Tras sus palabras, el público de pie en la pista comienza a abrirse como el mar Rojo y deja paso a una descomunal tarta de varios pisos con los colores corporativos de *Por la night* y dos bengalas coronando la cúspide. Me empiezan a sudar las manos porque esto significa que Trixx va a bajar aquí.

—Igual ahora puedes hablar con ella —dice Berta, verbalizando mis miedos.

El grupo de colaboradores desciende a la pista y se aglutina alrededor de la tarta, embutidos entre el público. Gritan un «¡Felices 200!», soplan unas velas casi imperceptibles bajo el fogonazo de las bengalas y se arrancan en un enorme aplauso. Lo observo todo desde la distancia, como una gacela agazapada entre la maleza, solo que esta gacela es imbécil y va a disculparse con el león. Como era de esperar, varias personas del público han empezado a pedirles fotos, a Trixx incluida, así que espero y respiro hondo sabiendo lo que se viene.

«Trixx, lo siento mucho. No sé qué me pasó, no tendría que haber puesto el comentario. Fue infantil y no te lo mereces».

Berta sigue comiendo jamón.

Veo que Trixx se aparta unos pocos metros y se coloca el móvil cerca de la boca, como para mandar un audio. Sé que es ahora o nunca. En cuanto vuelva al redil, todos se le echarán encima otra vez. Noto que Berta me empuja por la cintura como instigándome a hacer lo mismo que estoy pensando. Tengo la garganta seca, así que cojo la cerveza, no solo para beber, sino también para tener algo en las manos, y me encamino hacia Trixx, que está guardándose el móvil.

—Hola —escupo con timidez. Escupo porque, si no, no me va a salir nunca.

«Trixx, lo siento mucho. No sé qué me pasó, no tendría que haber puesto el comentario. Fue infantil y no te lo mereces».

Creo que tengo en la cara una estúpida sonrisa congelada. Trixx me mira y de repente se me hace todo extraño. Porque este «hola» nada tiene que ver con los que canturreaba cuando entraba por la puerta del piso que compartíamos. Porque ni yo la reconozco a ella, ni ella me reconoce a mí. Porque ni ella es la Trixx de Lola, ni yo soy la Lola de Trixx.

—Ni me hables —me ladra, mirándome de soslayo. Vuelve a sacar el móvil, supongo que para tener una excusa para no hacerme caso.

«Trixx, lo siento mucho. No sé qué me pasó, no tendría que haber puesto el comentario. Fue infantil y no te lo mereces».

—Trixx, lo *miento sucho* —por supuesto, mi boca ha decidido no coordinarse con mi cerebro.

—Que no me hables —me interrumpe. Doy gracias de que, por lo menos, no se ha burlado de mí. De hecho, no parece enfadada ni dolida. No parece absolutamente nada. Me habla desde su altura y no necesita mostrarme ninguna emoción. Me desespero y ya no recuerdo mis medidas y memorizadas disculpas.

—Tía, Trixx, por favor, lo siento de verdad. No seas así —suelto de carrerilla porque creo que, si me paro, no me va a escuchar.

Me habla sin mirarme, escribiendo, o fingiendo que escribe, en el móvil:

—Vienes a mi cumpleaños fingiendo ser mi amiga y a los dos meses me metes mierda en Instagram. No seas tú tan zorra.

—¡Yo no estaba fingiendo ser tu amiga! —levanto de más la voz. Noto que a mi alrededor la gente se gira, pero sus palabras me escuecen porque han dado en el clavo, porque ya no somos amigas y porque todas las veces que la he felicitado fingía alegría por ella cuando en realidad quería su puesto—. Fui a tu cumpleaños, te hice un regalo que te dio exactamente igual y tú no me hiciste ni caso porque estabas rodeada de un montón de niñatos tontos —exploto.

Trixx por fin se digna a encararme ante mi sobrada. Desde la superioridad de su eyeliner perfecto, de su peinado imposible, de sus labios violeta, de su chaqueta dorada.

—Claro, porque eso soy yo, ¿no? Una tonta que se junta con otros tontos. ¡Y tú eres la lista que siempre es mejor que los demás!

La conversación se me está yendo de las manos y ahora mismo maldigo mi incapacidad para recordar dos tristes frases de disculpa que encima he escrito yo.

—No, Trixx, no eres tonta. Pero es que antes… —Me puede la desesperación—. Tú no eras así. —Es lo más sincero que he dicho esta noche—. Cuando vivíamos juntas me habrías perdonado.

—¡Cuando vivíamos juntas no me habrías insultado con una cuenta anónima!

Tengo ganas de llorar. Me siento como cuando empiezas un videojuego y solo tienes un palo para defenderte. No tengo nada más que pueda decirle, pero tampoco quiero dejarlo así. Trixx se da la vuelta y se abre paso bruscamente entre la gente, que ya se ha dado cuenta de que entre las dos se está cociendo algo.

—¡Trixx, espera!

La cojo del brazo para impedir que se vaya, pero mis tacones se resbalan, aumentando varios niveles el dolor que me llevan causando desde hace horas. Me voy hacia delante, pero, por instinto, no suelto a Trixx. Mis rodillas se doblan y mi otra mano toca algo metálico, que también cae conmigo. Alguien grita. La tarta se derrumba sobre mí como un alud de nata y chocolate y el carro de metal que la soportaba aplasta mi pierna con un enorme estruendo.

Lo primero que se me pasa por la cabeza es fingir que he muerto.

No sería la mejor muerte de todas, con un carrito pillándome la pierna izquierda, con el pelo y la camiseta llenos de nata y chocolate y —esto sí sería bastante espectacular— con una bengala encendida a pocos centímetros de mi cara. No sería la mejor muerte de todas, pero sí sería mucho mejor que levantarme ahora ante la mirada de todos los presentes. Por un momento nadie habla y solo suena una voz desde los amplificadores cantando «Desde que me dejaste, la ventanita del amor se me cerró».

—¡Trixx! Tía, ¿estás bien? —exclama una voz femenina, secundada a continuación por un murmullo infernal.

Noto que Trixx, a mi lado y presumiblemente tan cubierta de nata como yo, se incorpora poco a poco. Unos pies aterrizan junto a mi cara y veo que unos brazos levantan a la que, ahora sí, ya no es mi amiga.

No sé con seguridad qué pasa a mi alrededor. Noto que la pierna me palpita tras el golpe con el carrito. Creo que es Berta la que me levanta diciendo que no pasa nada y la que me quita nata del pelo. Me parece que alguien que no conozco pregunta si estoy bien y oigo la voz de Berta decir que sí, que no se preocupe. No estoy segura, pero oigo el berrido de un hombre advirtiendo de la bengala e instando a que todo el mundo se aparte. Porque todo el mundo me está mirando. De eso no tengo duda.

El aire fresco me pica en la cara y deduzco que hemos salido a la calle. Berta me sienta en un saliente de la pared y saca un pañuelo de su bolso enorme. Me lo pasa por la cara y los brazos y luego por las piernas y el pelo.

Y entonces rompo a llorar.

—No te preocupes —oigo que me dice. No la veo porque tengo los ojos llenos de lágrimas o de nata, no lo sé seguro—. ¿Sabías que cuanto peor empieza un año, mejor acaba?

—¡No, Berta, no es verdad! —gimo. Estoy enfadada y triste y mis lágrimas saben a nata, lo cual sería una buena noticia en cualquier otra circunstancia—. El año pasado fue una mierda y este es una mierda. Todo es una mierda.

—No es culpa tuya, la tarta estaba mal puesta.

Sorbo por la nariz.

—No, la que estaba mal puesta era yo, que no tenía que estar aquí. ¡Te lo dije en casa! ¡Que no quería! —la acuso como una niña pequeña acusa a su madre de que la ha dejado comer demasiado postre y ahora le duele la barriga—. Joder, Berta, quería ver *Tiburones nazis 3*. —Creo que va a hablar, pero la interrumpo antes. Sé que me estoy desahogando con ella, pero no puedo parar—. Igual que cuando fuimos al *open*, ¡al puto *open*! Que le tiré el cubata encima a Corrales. Yo me habría quedado en casa y me hiciste ir.

—Ya. Si por ti fuera, llevarías encerrada en casa dos meses, Lola. —Su tono se endurece—. Y yo te saco e intento tirar de ti, que sabes que no es fácil.

—¡Pues no lo hagas, joder! —Sigo llorando—. ¡No habría pasado esto!

Me llevo las manos a la cara, no sé muy bien si para taparme o para quitarme un trozo de *brownie*.

—Lola, no quiero discutir, porque ahora mismo no estás bien, pero tienes que dejar de echarles la culpa a los demás.

—¿Que yo culpo a los demás? —Me levanto indignada para encarar a Berta—. ¡Pero si todo dios me pasa por encima! En todas partes, tía, en todas partes todo el mundo me trata mal y me dice lo que tengo que hacer. Ponte esto, no digas esto, ven a esta mierda de discoteca y pide perdón... —Hundo las manos en la cabeza, con el corazón a mil—. Dejadme todos en paz.

—Lola, llevo pendiente de ti meses. Meses que te has pasado haciéndote la víctima. Que sí, joder, que te han pasado cosas malas, pero es que no asumes nada. Te asusta tanto fracasar que nos lo cargas a los demás. Y ¿sabes qué? Ni es culpa de Trixx que no estés en el *late*, ni es culpa del Octavio ese que no te llamen más veces de *Enganchados*, ni es culpa mía que no sepas pedir perdón a una amiga.

No quiero escucharla. Quiero meterme en mi cama y no salir nunca.

—Y lo que me faltaba es que me culpes a mí —corona Berta.

—Tía, vale ya. —No quiero oír nada. No puedo soportar nada más—. Déjame tranquila.

—Lola, necesitas poner en orden tu vida.

—Y me lo dices tú, que no te aguantan en un curro más de dos días.

Oigo que Berta bufa y yo no me atrevo a decir nada más porque sé que ya he dicho demasiado. Vuelvo a sentarme y me centro en quitarme nata del pelo. Al cabo de un rato, noto que Berta se da media vuelta y se aleja. Me limpio las lágrimas, cojo mi móvil y pido un taxi. Ahora mismo no quiero ni hablar con Berta ni hacer absolutamente nada. Solo quiero meterme en mi cama.

Tras unos minutos que me parecen horas, un taxi para frente a mí y me subo. Me sorbo los mocos otra vez y recuesto la cabeza en el respaldo, derrotada.

La radio está encendida y suenan gritos de alegría. Luego, una voz exclama:

«¡Feliz año nuevo!».

DE CUANDO A BERTA LE ROMPIERON EL CORAZÓN

Desde que la conozco, a Berta le habrán roto el corazón unas diecisiete veces.

Creo que fue la número doce la que ocurrió cuando estábamos de vacaciones en Benidorm. Recuerdo que una noche volví a nuestra habitación del hotel y me la encontré sentada en el suelo llorando con una botellita de Larios del minibar en la mano. Casi empiezo a llorar yo también porque, como le dije, «nos la van a cargar a la habitación y vale lo mismo que tres cubatas». Pero entonces me contó que esto era serio, que había conocido a Bernard, un británico que se hospedaba tres plantas más abajo y que le había ofrecido un «mojitou» en la barra del bar de la piscina. Para Berta fue un flechazo. Para el tal Bernard, una confirmación de que necesitaba más ejercicios de español en el Duolingo. El problema fue que Berta, según me contó, tampoco andaba fluida de inglés y, tras varios intentos fallidos de entablar una conversación, Bernard decidió marcharse con una alemana políglota.

—Pero sabes más inglés del que crees —la animé—. Te he visto cantar «True Colors» de Cyndi Lauper en el karaoke de Mostenses. Hasta te salía bien la voz desgarrada.

—Es que ese día tenía un gargajo —me contestó, moqueando.

Aquella noche bajamos al bar de la piscina y Berta se desmoronó cuando vio que Bernard seguía allí con la alemana políglota. Tras varias copas, Berta, hipando, masculló algo que me sonó como un «Tienes razón», se levantó, se acercó a Bernard y le gritó: «It's a quarter after one, I'm a little drunk and I need you now». No, Berta no sabía más inglés del que creía, pero sí se sabía de memoria varias canciones, y una de sus favoritas era «Need You Now» de Lady Antebellum.

Recuerdo que desde mi mesa no escuché la respuesta de Bernard, solo vi su rostro, que formaba una mueca extraña. Lo que sí escuché fue a Berta gritarle «But I would walk 500 miles and I would walk 500 more», seguido de un «Why'd you have to go and make things so complicated?», para terminar con «I can't get no satisfaction», que coronó colocando su índice en los labios a Bernard y susurrando «And I say to myself what a wonderful world». Cuando regresó a nuestra mesa, brindó orgullosa, sintiéndose empoderada. Cuando se despertó al día siguiente, lloró recordándolo y juró que en septiembre se apuntaría a un curso de inglés. Pero estamos hablando de Berta, así que no hizo falta tal curso: a los dos días ya había olvidado a Bernard y tenía un nuevo objetivo.

Cuando Berta cortó con Pedro El Décimo, sobrenombre en honor a su puesto en el ranking de amores fallidos de mi amiga, nada hacía pensar que fuera a superarlo rápido. Hace un tiempo, Berta me llevó en coche porque me había salido un bolo en Villanueva de la Aceituna, un pueblo a unas horas de Madrid donde el fabuloso invento del tren todavía no había llegado. Fue de mis primeros cajones de mandarinas y, aunque las cuatro señoras del público se lo pasaron muy bien, la que mejor se lo pasó fue Berta, que compartió un botellín de cerveza con el joven concejal de festejos, Pedro Sancho.

Mi actuación fue a las nueve de la noche. A las doce, Berta ya estaba en el país de las mariposas y se empeñaba en retrasar nuestra vuelta a Madrid. «Podemos dormir en casa de Pedro, ¿sabes que tiene caballos?», me insistió a las dos de la madrugada cuando vino a verme a la mesa en la que estuve echando una partida de mus con las señoras del público para matar el tiempo. Finalmente, conseguí convencerla de que se estaba precipitando con Pedro El Décimo y volvimos a Madrid con la promesa de Pedro de que al año siguiente las dos daríamos el pregón.

Berta y Pedro estuvieron saliendo unos cuatro meses y hasta ahora es la relación más duradera de mi amiga. La ruptura venía anunciada unas semanas antes de que ocurriera, tanto por la pasta en gasolina que Berta se dejaba en cada viaje hasta Villanueva de la Aceituna, como por la extrema devoción de Pedro por su trabajo que le privaba de tiempo para cualquier otra cosa —«No puedo irme de escapada, amor, en dos meses son las primarias y Araceli no nos votará si no consigo que su sobrino cante en las fiestas patronales, ya sabes que aquí cada voto cuenta»—. Sin embargo, lo que terminó de dinamitar su relación fue el silencio extremadamente largo que mantuvo él después de que ella le interrogara con: «Pero ¿a quién quieres más?, ¿a mí o a tus caballos?». En ese momento, Pedro se convirtió en Pedro El Décimo. A los dos días, Berta y yo nos empadronamos en Villanueva de la Aceituna para poder votar por el partido rival. Pedro perdió por dos votos.

La sexta vez que le rompieron el corazón a Berta fue a cargo de Valeria, una chica que conoció por Tinder y que tenía por afición practicar todos los deportes del mundo. A Berta, en cambio, un día le salió una hernia cuando se agachó a recoger una papelina, pero Valeria le gustaba mucho e intentó seguirle el ritmo. «Siempre llevo chándal», le dijo para conquistarla. Lo que obvió fue que lo llevaba para tumbarse en el sofá, y que la única vez que hacía algo de deporte era cuando tenía que correr hasta la parada del bus. Esto, claro, no tardó en pasarle factura.

Un día Berta se puso sus mejores mallas del Decathlon y me dijo que tenía una cita con Valeria, que me llamaría para contarme.

—¿Ya estás en su casa o qué? —le pregunté nada más descolgar el teléfono horas después.

—Estoy en el hospital.

Al parecer, Valeria la había llevado a hacer rápel y Berta se había lesionado.

—Ay, Dios —fue lo primero que salió de mi boca, imaginándomela aplastada en el suelo como el Coyote del Correcaminos—. ¿Desde dónde te has caído?

—Desde el asiento del coche.

Según me contó, se había enganchado el tobillo en el cinturón nada más llegar, pero fue suficiente para un aterrizaje forzoso que le fracturó el menisco. Salí de casa con tanta prisa que llegué al hospital con un zapato de cada color, pero Berta, con la pierna vendada, me recibió con un «No te preocupes, eso da suerte. De hecho, deberías llevarlos así dos días más para que haga efecto». Luego se echó a llorar, y mientras se comía a mordiscos el pollo a la plancha que le habían traído para cenar me dijo que había perdido al amor de su vida porque su único *hobby* era tumbarse en el sofá en pijama. Yo me senté a su lado, le cogí la mano y le fui totalmente sincera: «Si no le gustas en pijama en el sofá, entonces no es el amor de tu vida».

A los dos días, Berta ya había salido tanto del hospital como del pozo melodramático al que cae cada vez que se enamora y, para celebrarlo, esa noche nos fuimos a cenar a nuestra pizzería favorita. Fue cuando descubrimos que habían eliminado de la carta la pizza de Nutella. Esa fue la séptima vez que le rompieron el corazón.

Desde que la conozco, a Berta le habrán roto el corazón unas diecisiete veces. Las diecisiete veces he sabido qué decirle y las diecisiete veces lo ha superado a los dos días. Pero ahora Berta tiene el corazón roto por mi culpa y yo no sé qué decirle, pero eso no es lo que más me preocupa.

Lo que más me preocupa es que han pasado tres días.

DE CUANDO
TOQUÉ FONDO

Aida me mira con lástima mientras bebe de su cerveza con una mano y limpia la boca de uno de los gemelos con la otra. Antes ha sacado del bolso rotuladores para que Gemelo 1 y Gemelo 2 jueguen, ha llamado a su mujer para acabar de organizar una cena para mañana y ha pedido que cambiaran las patatas que nos acababan de traer porque las habíamos pedido con salsa brava y no con alioli, todo a la vez. Yo no tengo a nadie a mi cargo, ni nada que organizar, ni tengo hipotecados los próximos dieciocho años de mi vida para poder pagar la guardería, el colegio y la universidad, pero es ella la que me mira con lástima a mí.

Quizá sea precisamente por eso.

O quizá porque hace una semana que en redes sociales no paran de salir vídeos míos manchada de nata después de la discusión con Trixx que nos llevó a terminar debajo de una tarta gigante. Por supuesto, fue un accidente, pero decir eso no es divertido, así que todos los vídeos que se están compartiendo van acompañados de títulos como «Una excolaboradora de *Enganchados* arruina la Nochevieja de Trixx», «La influencer Trixx es atacada por una loca» o el siempre clásico «Two Girls One Cake». Algunos han hecho vídeos asegurando que la empujé porque Trixx es alérgica a la vainilla, pero que, gracias a Dios, la tarta era de nata. Otros han cogido el momento justo de la caída y han hecho un remix con la canción «Shooting Stars» al que le di *like* porque me hizo bastante gracia, pero que luego me provocó un ataque de ansiedad. Ayer, cuando parecía que ya se habían calmado las aguas, alguien compartió un meme en el que comparaban mi cara llena de nata con la cara del orco deforme de *El señor de los anillos,* lo cual me habría hecho mucha gracia de no haber sido yo la víctima de la broma.

—Si te consuela, ayer en Twitter había gente diciendo que ahora le caías mejor.

—Sí, me consuela… —mascullo con la mirada perdida en mi segunda cerveza—, si esa gente me puede pagar el alquiler de este mes.

Hace dos meses que no me llaman de *Enganchados,* pero hasta que apareció una nueva colaboradora hace unos días no había perdido la fe en que volvieran a necesitarme por una urgencia — «Patri se está cagando encima porque su nuevo puré de boniato ha salido defectuoso, tú, ven corriendo al plató», soñaba que me diría el Teniente Juan—. Aunque me duele haber desaparecido de la televisión, me duele todavía más que esos ingresos que consideraba nimios se acaban notando a fin de mes, sobre todo cuando ya no hay ninguna marca de cerveza que quiera que actúes en uno de sus eventos.

—Verás como esto pasa pronto. A la gente le gusta lo que haces, no se van a olvidar de ti porque salgas en un vídeo cayéndote encima de una tarta —insiste Aida—. De hecho, si fuera por mí, después de lo de la tarta te contrataría para más bolos. Un *slapstick* bueno nunca pasa de moda.

Un pitidito nos interrumpe. Mi móvil me avisa de que acabo de vender algo en Wallapop, mi nuevo mejor amigo para sobrevivir en la gran ciudad sin los ingresos que me proporcionaban las colaboraciones en *Enganchados*.

—¿Tienes puesto a la venta el somier, loca? —grazna Aida cuando le enseño mi perfil con todas mis cosas a la venta.

—¿Qué? Puedo dormir en el colchón.

—Pasas mucho tiempo con Berta —suspira, pero no me mira porque está vigilando que Gemelo 1 y Gemelo 2 sigan quietos en la mesa de al lado, ocupados con los rotuladores. Gemelo 1 se ha salido del folio y, en un alarde de inspiración, ha empezado a pintar la pata de la silla, pero a Aida parece darle igual.

Río con amargura.

—Bueno, ya no.

—¿Aún estáis enfadadas, tronca? —Se sobresalta tanto que Gemelo 2 se gira y su obra de arte termina extendiéndose del folio a la mesa.

—No hemos hablado desde entonces.

—Pero ¿qué dices? Tronca, pídele perdón. Pídeselo ya y mañana la tienes en la puerta de casa.

—Me da miedo —resumo. Y es verdad. Todo esto ha ocurrido porque no fui capaz de pedirle perdón a Trixx. No es que no quiera disculparme con Berta, es que temo que otra tarta (metafórica, en este caso) se interponga entre mi disculpa y yo y me acabe apartando de Berta para siempre.

—Vamos, que cuando se te pase el shock de la tarta le hablas —resume Aida—. Bueno, pero no lo dejes. —Me señala amenazante con un tenedor que lleva una patata pinchada—. En serio. Berta es legal.

Berta es legal. Lo sé. Berta es legal y yo soy una cobarde.

—Perdona —nos interrumpe una voz masculina, y cuando levanto la cabeza, veo a un chico sonriendo amablemente con un móvil en la mano—. Eres Lola, ¿verdad? ¿Puedo hacerme una foto contigo?

Me giro hacia Aida, que me devuelve una mirada cargada de orgullo que parece querer decirme «¿Ves como la gente no se olvida de ti, pesada?».

Me levanto y obsequio al chico con mi mejor sonrisa forzada. Poso para la foto y murmuro un «gracias».

—Gracias a ti por tirarle una tarta a Trixx —vocea, contento.

El chico sale del bar y me parece escucharle decir un «Chavales, me he encontrado con la loca de la tarta» antes de que se cierre la puerta. Vuelvo a sentarme.

—Si hubiera cobrado por esa foto, al menos hoy podría cenar —comento intentando reírme de mí misma, pero creo que me sale demasiado triste.

—No me jodas, tía. ¿No tienes cena? Te dejo algo.

—Es broma.

—¿Qué vas a cenar?

—Un plátano. Bueno, medio.

Veo de reojo que los gemelos se han puesto de acuerdo para empezar a pintar a la vez el suelo del local. Aida se reclina en la silla y noto que se piensa mucho lo que está a punto de decir. Sé lo que me va a decir y sé que le voy a decir que no. Es más, ella sabe que sé lo que me va a decir y que le voy a decir que no, así que no sé por qué se molesta siquiera en abrir la boca.

—Aida, no —la corto antes de que diga nada.

—Sabes que el periódico tiene una vacante desde hace meses —suelta igualmente—. Nadie quiere venirse, claro. Pero a ti te hace falta.

—No, no —repito, y niego también con la cabeza mientras bebo la cerveza como para esconderme de tremenda proposición—. Aida, es que ni de coña vuelvo al periódico. Ni de coña.

Jamás volveré al periódico. No he tenido nada tan claro en mi vida.

DE CUANDO TOQUÉ FONDO (AHORA SÍ QUE SÍ)

He vuelto al periódico. Me di cuenta de que no podía estirar más mi precaria situación el día en que me planteé seriamente vender la alcachofa de la ducha. «Puedo ducharme por partes con el agua del grifo», se me ocurrió en ese momento, pero no era verdad. Necesitaba dinero.

Si había alguien a quien le apeteciera menos que a mí que volviera al periódico, ese era El Yogures.

Me han contado que, en cuanto se enteró de que había contactado con Recursos Humanos para el puesto libre, entró como una exhalación en el despacho del director para decirle que ni se le ocurriera traer de vuelta «a esa terrorista robalácteos». Sin embargo, el director le recordó que llevaban meses intentando encontrar a alguien para «esa puta mierda» de puesto porque ningún becario aguantaba más de una semana, y que yo ya había trabajado antes en el periódico, así que, por lo menos, sabría cómo usar el editor de portada.

Quizá es por eso por lo que, el día que llegué, había una nevera portátil con un candado. En realidad no sé si es acertado decir que llegué de día, ya que el cielo estaba más oscuro que mi futuro en la comedia. Porque sí, esta vez el director no exageraba al decir que es «una puta mierda» de puesto: la primera parte del trabajo consiste en hacer guardia desde las seis de la mañana para actualizar la portada con las últimas noticias. Es decir, tengo que coger cuatro autobuses nocturnos para venir a una redacción vacía y leer a solas las agencias de información a la caza de una jugosa última hora que nunca llega. Lo que queda de jornada se basa en aguantar a jefes de sección que te avasallan enfurecidos preguntándote que por qué has colocado tan abajo su artículo titulado «Los peligros de los autobronceadores baratos: un tema que ya pasa de castaño oscuro».

Ayer, sin ir más lejos, se plantó en mi mesa Cocaíno con una mandíbula más sandunguera de lo habitual y rascándose la cabeza repetidas veces mientras me razonaba que negarme a colocar su artículo sobre la poscensura en lo alto de la portada del periódico era precisamente darle la razón. «Ahora ya no se puede decir nada, lo dijeron ayer en televisión», masculló cuando, por quinta vez, le dije que esa decisión no dependía de mí y que por mucho que él insistiera, yo no podía cambiar la portada a mi gusto.

Los periodistas de la redacción que tienen un horario normal, incluida Aida, llegan entre las ocho y las diez de la mañana, así que de seis a ocho me dedico a mover el ratón para que no salte el salvapantallas y a mirar Instagram, donde, por supuesto, sigo subiendo fotos en el plató de *Enganchados*, vídeos de actuaciones mías y cualquier cosa que me sirva para ocultar que me han despedido y que he tenido que volver a rastras a mi antiguo trabajo alejada del mundo de la comedia.

Estas últimas semanas tampoco he tenido suerte a la hora de conseguir que me contraten para hacer monólogos. Por una parte, para las marcas sigo siendo esa loca de dudosa reputación que atacó a una influencer en una fiesta, y para los programadores de bolos soy «esa chiquita que hace tiempo que no sale en la tele, ¿qué estará haciendo ahora? Mejor llamamos a Leo Harlem». Así que aquí estoy, de vuelta en una redacción que me huele a fracaso por cada esquina, pero que es mi única opción para recuperar mi somier, que vendí hace unos días, y dejar de parecer cada noche un personaje de *Trainspotting*.

El primer día en el periódico tengo que decir que sí que estuve haciendo mi trabajo aunque no hubiera nadie en la redacción.

El segundo día conseguí forzar el candado de la nevera de El Yogures y me agencié dos tarrinas porque había salido de casa sin desayunar.

El tercer día, tras dos horas de reflexión mañanera, me armé de valor y le envié el emoji del gato sonriente a Berta a modo de ofrenda de paz.

El cuarto día, tras dos horas de soledad y sin noticias de Berta, le envié otro emoji a un desaparecido Eloy.

El quinto día me pareció inadmisible haberle enviado un emoji a Eloy y no enviarle uno a Jero, así que le envié el emoji del fantasma que saca la lengua.

El sexto día llegué tarde pero no pasó nada porque no había nadie en la redacción para darse cuenta, así que decidí que iba a llegar siempre tarde.

Hoy es mi séptimo día, llevo seis yogures robados y Berta todavía no me ha contestado.

Son casi las ocho, así que enciendo el ordenador y abro el editor de portada y webs de diferentes periódicos digitales, los que se supone que llevo revisando toda la mañana. Mientras lleno la pantalla con decenas de pestañas para que quien pase por detrás aprecie el duro trabajo de documentación que llevo dos horas haciendo, una foto naranja me llama la atención: Octavio posa sonriente bajo un titular que reza: «Entrevistamos al colaborador de "Enganchados": "Estoy en plena crisis de los 25"».

Debo de estar realmente triste, porque ni siquiera me anima que Octavio El Naranja no recuerde ni las mentiras que dice respecto a su edad. No me anima porque él, aunque con ochenta y nueve años seguirá fingiendo ser un veinteañero, también tendrá la suerte de seguir en *Enganchados*, y yo seguiré de madrugada en la redacción de un periódico a las afueras de Madrid en el que seguirán sin pagarme el salario mínimo.

Echo de menos *Enganchados*. Ni siquiera me refiero al dinero que me reportaba. Echo de menos el plató, echo de menos hacer tele, echo de menos cambiarme en un baño portátil, echo de menos las reuniones de guion en las que nadie decía bien mi nombre, echo de menos que el Teniente Juan me robe chistes para dárselos a Patri y echo de menos que me pongan dos sujetadores con la falsa promesa de llamarme más veces. Echo de menos hasta a Octavio. Bueno, no, pero desde luego echo de menos la época en la que estar en el periódico era solo un recuerdo de mi paso por Vietnam y no una realidad.

Anoche fui a El Periquito Comedy Club a un micro abierto a pesar de que hoy me tenía que levantar a las cuatro y media de la madrugada, y vi que mis engaños en redes sociales estaban dando sus frutos cuando Mar la camarera y un par de cómicos que pululaban por allí me esgrimieron un «¡No paras!». Lo bueno de *Enganchados* es que se emite a las nueve de la mañana y a esa hora no hay ningún cómico despierto, así que, para todos ellos, sigo allí, pero echo de menos cuando era verdad.

—Lola, esta fotocopia de ayer salió en blanco y negro.

Y, sobre todo, echo de menos la época en la que no conocía a El Petisuises.

Aparto la mirada del ordenador y veo delante de mí a El Petisuises, el nuevo becario de redacción. Da la casualidad de que también es el sobrino de El Yogures, así que aunque sea el becario, tengo que hacer todo lo que él diga.

—¿Y? —respondo, bajando la vista otra vez hacia la cara de Octavio.

—Que las gráficas no se distinguen bien si no es a color. Necesito que las hagas a color.

Vuelvo a mirar a El Petisuises por encima de la pantalla.

—No es mi trabajo hacer fotocopias. De hecho, es el tuyo.

—Yo ahora no puedo —dice suspirando como si yo no acabara de entender la gravedad de la situación—. Tengo que entrar a la reunión de contenidos. Tengo un tema increíble entre manos.

—No tienes que entrar a ningún sitio, eres becario.

—Lola, a ti puede que no te interese el periodismo —no se puede negar que tiene buen olfato—, pero para otros no es un simple trabajo, es una vocación. —Y enfatiza mucho esta última palabra mientras apoya un brazo en mi ordenador.

Observo a El Petisuises como un fotógrafo de *Jara y Sedal* observa un jabalí. Observo su chaleco abierto mostrando una camisa de El Ganso, su peinado con forma de seta y sus náuticos impolutos, y comprendo enseguida por qué defiende con tanto ahínco trabajar por vocación: porque no necesita hacerlo por dinero y porque «vocación» es el sinónimo más cercano que ha encontrado para no decir «ego».

—Mira lo que me he comprado —salta antes de que pueda decirle que, por favor, se vaya, que esta noticia sobre la mujer a la que un estafador le hizo creer que estaba saliendo con Brad Pitt no se va a leer sola—. Guapa, ¿eh? —me dice, acercando a mi cara una grabadora.

—¿Sabes que tu móvil tiene grabadora? —pregunto, y apostaría sin riesgo a equivocarme que no solo tiene móvil, sino que tiene el mejor del mercado.

El Petisuises se pasa una mano por la seta que tiene por pelo y me mira como si yo no entendiera nada.

—Los grandes periodistas de toda la vida nunca han grabado con el móvil.

—Porque no existía.

—Lola, como dijo Kapuściński: «Si entre muchas verdades eliges una sola y la persigues mucho, se convertirá en mentira». —Bueno, son las ocho y cuarto de la mañana, así que El Petisuises acaba de batir su propio récord de velocidad en soltar alguna frase del primer libro que te hacen leer en la carrera. Normalmente se espera a tomarse su café (solo y sin azúcar, igual que El Yogures), pero hoy ha

212

venido guerrero—. Pero lo importante: ¿qué pasa con mis fotocopias?

—Eh, Tintín, creo que Kapuściński se hacía las fotocopias él solito —interrumpe la voz de Aida. Acaba de llegar y está dejando el abrigo y el bolso en su mesa, dos más allá de la mía—. Y tu universidad privada no te dará los créditos que necesitas si no sabes usar una fotocopiadora.

—Sí que sé —responde El Petisuises, sacando pecho pero con la voz temblorosa. Parece que va a seguir hablando, pero deja la fotocopia en blanco y negro en mi mesa y se marcha, supongo que a buscar a su tío para exigirle venganza.

—¿Qué tal con Berta? —me pregunta Aida directamente en cuanto nos quedamos a solas. Me mira expectante mientras desenvuelve un sándwich.

Niego con la cabeza.

—No me ha dicho nada. —Miro su conversación en mi móvil y la que hay justo arriba, y suelto una risa que suena un poco amarga—. Ni Eloy tampoco.

Aida se sienta en la mesa justo sobre la fotocopia de El Petisuises.

—¿Le has escrito a Eloy?

—Sí, bueno, porque no sabía nada de él.

—¿Y qué? Es Eloy —dice con desprecio.

—Exacto, es Eloy —respondo al momento, más contrariada de lo que me gustaría—. ¿Por qué no me habla? ¿Lleva casi un año intentando quedar conmigo y de repente desaparece?

—Claro, es mago, es lo suyo. —Aida suelta una risa forzada y acto seguido se limpia el pastrami de la boca para ponerse seria—. ¿Te molesta?

Tardo en contestar porque creo que se nota demasiado que me arden las orejas.

—No sé, un poco.

Aida suspira y se recoloca sobre la mesa. La fotocopia de El Petisuises sigue debajo de su culo, pero ahora más arrugada.

—A ver, siempre es cómodo tener a alguien en el anzuelo. Pero no has perdido nada importante. —Lo ha soltado quitándole importancia, pero yo me he quedado totalmente desubicada.

—¿Qué anzuelo?

—Tronca, tenías a Eloy en el anzuelo, no pasa nada. Todos hemos tenido a alguien.

Aida debe de ver mi cara de conejo al que le acaban de dar las largas, así que baja de la mesa, guarda el sándwich y me mira.

—Vamos a fuera. Me hago un piti y hablamos.

—¿Te acuerdas de la chica a la que contrataron para llevar las redes sociales cuando currabas aquí al principio? ¿La pelirroja de gafitas? —me dice Aida, sentada en las escaleras del parking a la salida del periódico—. Pues no es que me tirara la caña, me tiraba la red del capitán Pescanova. Y yo no quería nada con ella y nunca le di bola, pero tampoco la corté del todo porque bueno… —se para intentando buscar el término adecuado—, mola que te hagan casito.

Me quedo callada, repasando mentalmente las conversaciones que he tenido con Eloy a lo largo de estos meses: todas las veces ha tomado él la iniciativa y yo jamás he respondido, salvo en contadas ocasiones. Las justas para mantenerle atado.

—Ni era consciente… —acierto a decir.

—Ya. Tampoco te culpes. Se llama a sí mismo «Rey de Corazones».

Me sale una risotada, pero se me corta enseguida. De repente soy consciente de muchas cosas que he hecho mal.

Aida le da un mordisco a un *nugget* de pollo. No sé ni de dónde lo ha sacado.

—En serio, tronca, ahora estás rallada, pero no necesitas el casito de nadie. Y de Eloy, menos. Y no porque sea mago, que también, pero sobre todo, porque mira cuándo has dejado de interesarle.

—Cuando he dejado de salir en la tele —completo automáticamente. Es verdad que en redes sigo subiendo fotos del plató, pero Eloy veía el programa. Es mago, pero no tonto, así que no habrá tardado en darse cuenta de que hace tiempo que no salgo.

Aida farfulla un «exacto» con la boca llena.

Pienso en lo patéticos que somos los dos, tanto Eloy como yo. Yo por necesitar la atención de una persona que ni siquiera me cae bien y Eloy por ir detrás de alguien que ni le contesta a los mensajes, solo porque estuvimos liados y ahora salgo —salía— en televisión.

Entonces pienso en Jero. En los mensajes que le envío a Jero, en mí esperando a Jero sola en un bar, en Jero saliendo con chicas jovencísimas que poco o nada tienen ya que ver conmigo, o en Jero contestando a todas mis proposiciones con el emoji del pulgar levantado que ni garantiza ni cierra nada. Lo justo para mantenerme atada.

Me acaba de arrollar un tsunami.

DE CUANDO ME ROMPIERON EL CORAZÓN

No he ido a pescar en mi vida. Quizá por eso he tardado tanto tiempo en darme cuenta de que tenía a Eloy en el anzuelo. Porque ni sabía lo que era un anzuelo, ni era consciente de lo que significaba tener a alguien ahí enganchado, sin soltarlo por si acaso el pez más grande pasa de ti, aunque desde fuera quizá era obvio que lo estaba haciendo. Tampoco sabía que, cuando transcurre cierto tiempo, el pez se acaba soltando, ya sea por aburrimiento o porque ha encontrado un pez mejor. En el caso de Eloy, ha sido lo primero.

Sé que le gusté a Eloy los pocos meses que estuvimos saliendo y yendo a bingos en los que él era el espectáculo principal —siempre me pregunté cómo, entonces, serían los secundarios—. También sé que ahora que he dejado de aparecer en la pequeña pantalla y que el mundillo empieza a sospechar de mi mala racha, lo que de verdad le gustaba era la parte de mí que salía en *Enganchados*.

217

Antes, con una mezcla de despecho y curiosidad, he entrado en su perfil y he comprobado que ha dejado de seguirme, pero tras la sorpresa inicial, ha sido casi una liberación entender por qué, a pesar de mi clara reticencia a quedar con él y del desprecio que rezumaba por todo mi cuerpo cuando me lo encontraba en algún bar, seguía esperando sus mensajes. Berta me lo había dicho muchas veces: «Si tanto te molesta, ¿por qué no lo bloqueas?». La respuesta que le daba era que me daba pena, pero la respuesta verdadera me la ha dado Aida: me gusta el casito.

He dejado de tener a Eloy en el anzuelo, pero no me duele.

Me duele haberme dado cuenta ahora de que yo he estado en otro todo este tiempo. Llevo unos veinte minutos sentada en un cubículo de los baños de la redacción con la conversación de WhatsApp con Jero abierta: por cada mensaje suyo, hay siete míos.

A los veinticuatro años me enamoré de Jero de una forma insana e irreal. Lo había convertido en el posible novio perfecto dentro de mi cabeza. Él, siendo un presentador de televisión, ya lo tenía todo para deslumbrar a cualquiera y yo encima lo había subido un peldaño más en su pedestal, así de gratis. Después de la primera vez que hablamos por Facebook tras entrevistarle, ya había construido en mi cabeza mi futuro en torno a él. Lo que yo no sabía era que eso estaba solo dentro de mi cabeza.

Recuerdo que tras nuestra primera noche juntos yo quería volver a quedar todas las semanas, pero me daba mucha vergüenza insistirle, incluso más que ahora. Él era famoso, mayor que yo y más listo que yo. Quería volver a quedar con él, pero necesitaba diferenciarme, pensaba. No podía verme como a una fan. Así que pasaron meses en los que yo me contenía y me mordía el labio para ponerle solo un mensaje a la semana que él muchas veces ni contestaba; meses en los que intenté ponerme a su nivel y enviarle enlaces de canciones que había rebuscado en lo más profundo de Spotify diciéndole: «Igual esto no lo conoces», y meses en los que intenté dejar de ser una fan para ser una persona. Después, sucedió lo lógico: se buscó a otra fan.

Ha habido tantas ocasiones en las que se ha visto tan claro que Jero me tenía en el anzuelo que ahora me sonrojo al recordarlas.

«Y si no quiere nada conmigo, ¿por qué me ha enviado este emoji del pulgar levantado cuando le he preguntado que qué tal está?», le pregunté a Berta en su día en un tono que daba a entender que no me iba a valer cualquier respuesta. Creo que fue hace dos años, cuando Jero, según el *¡Hola!*, volvía a estar soltero tras romper con su novia de veintitrés años. «Podría no contestarme, pero lo hace», proseguí. «Eso es que tiene interés», zanjé. «No, no lo tiene». Eso no lo dijo Berta, lo dice ahora la Lola de treinta años que acaba de perder a su pez llamado Eloy y lo entiende todo. Berta fue más suave porque sabía que una negativa más directa haría que simplemente me cerrara en banda, sobre todo en estas recaídas, cuando el pez bebe mucha cerveza y se cree que el pescador sigue enamorado de él.

Creo que esa misma noche nos fuimos a un karaoke y yo pedí «Holding Out for a Hero» de Bonnie Tyler, que canté con una sonrisa de adolescente cada vez que pronunciaba «hero» como «Jero». Por supuesto, en cuanto él volvió a echarse una nueva novia veinteañera, yo volví a mi anzuelo, esperando paciente mi próxima oportunidad.

Años atrás, antes de conocer a Berta y unos dos después de haber dejado de quedar con Jero, surgió otra nueva oportunidad de vernos, ya que él y el regidor del programa que presentaba por aquel entonces estaban planeando un viaje a Edimburgo para ir a un concierto de uno de los grupos que solíamos escuchar juntos. Yo había conocido a Sergio, el regidor, cuando acudí al plató a entrevistar a Jero por primera vez y nos teníamos en Facebook, así que me las arreglé para apuntarme a aquel viaje, convencida de que Jero y yo íbamos a recuperar la llama porque tendríamos que dormir en la misma habitación del hotel al no haber más libres, un cliché de comedia romántica más usado que la bayeta que guardo detrás del váter, pero que estaba deseosa de vivir en mis carnes. El viaje se resumió en Jero yendo por su cuenta a un hotel de cinco estrellas y con Sergio el regidor y yo compartiendo litera en un hostal a dos horas en bus del concierto.

Llevo unos veinte minutos sentada en un cubículo de los baños de la redacción con el corazón roto, pero no pasa nada porque lo he tenido así desde los veinticuatro años. Eso no es lo triste. Lo triste es que me acabo de dar cuenta de que soy el Eloy de Jero.

Entro en la agenda del móvil y miro el número de Jero. No sé cuánto tiempo paso observando su nombre, recordando el momento en que lo guardé en la agenda, sintiéndome especial, con un secreto y un amor tan grandes comprimidos en ese nombre. «Jero».

«El contacto ha sido eliminado».

El pez se acaba soltando por aburrimiento o porque ha encontrado un pez mejor. Ahora, sentada en el váter con las piernas dormidas por todo el tiempo que llevan en la misma posición y siendo consciente de que El Yogures me andará buscando por la redacción, no tengo claro por cuál de las dos cosas me he soltado del anzuelo —o, al menos, me he empezado a soltar—, pero si tengo que encontrar un pez mejor para superar a Jero, tengo claro quién quiero que sea: yo.

Creo que una parte de mí sabía que todo esto era arrastrarse demasiado y supongo que por eso en este último tiempo no le conté a Berta las veces que le he escrito sin obtener respuesta alguna y, mucho menos, la vez que me fui sola a un bar con la esperanza de que él apareciera con rosas, como si esto fuera una canción de La Oreja de Van Gogh. Porque Berta me habría sacado del bar a rastras, como me sacó de la discoteca cuando nadie más lo hizo y me quitó nata del pelo, o como me sacó del pueblo en el que un gañán de la comisión de festejos quería hacerme dormir en su sofá, o como me ha sacado de casa todos estos meses en los que lo único que he hecho ha sido ser un grano en el culo para cualquiera que me tuviera cerca.

Miro mi última conversación con Berta. El emoji del gato.

Ella ha hecho por mí casi más que nadie y yo intento que me perdone con un emoji. No sé si fui gilipollas por liarme con un mago o por enamorarme de un presentador de televisión que me sacaba veinte años, pero, desde luego, lo soy por esto.

Sin pensarlo, marco el número de Berta.

Salta el buzón de voz y me pilla totalmente desprevenida.

—Eh… no sabía que tenías buzón de voz, ¿quién tiene buzón de voz? O sea, en los noventa vale, pero ahora… Bueno, da igual. Quería llamarte para hablar, pero como no lo coges te lo diré por aquí. Aunque podría dejarte un audio por WhatsApp, ahora que lo pienso… ¿Escuchas el buzón de voz? O sea, ni siquiera creo que sepas que tienes buzón de voz, pero bueno, si ahora te envío un audio diciendo lo mismo, va a quedar raro, ¿no? O sea, que…

Suena el pitido anunciando que me he quedado sin tiempo y me planteo si en el baño de la redacción hay una cámara oculta.

Vuelvo a marcar su número y otra vez vuelve a saltar el buzón de voz, pero ahora estoy preparada.

—Berta, soy yo. Y tengo que decirte muchas cosas, pero creo que el resumen es: soy gilipollas. Y siento mucho todo y siento haber tardado tanto en llamar. Ya salgo de casa sola, pero echo de menos que estés para arrastrarme. Me gustaría vernos para pedirte perdón en persona. —No me atrevo a hacer chistes porque no sé hasta qué punto Berta está enfadada, así que, tras una pausa, lo que le digo es—: Te quiero mucho.

DE CUANDO RECUPERÉ EL SOMIER

Lo último que hice anoche antes de ir a dormir fue comprobar si tenía algún mensaje de Berta. Lo penúltimo fue regatear con un erasmus finlandés que quería que le dejara una de mis mesitas de noche a cinco euros, ya que sigo vendiendo mis cosas por internet. Estas semanas he podido sobrevivir gracias a otro usuario, un tal Moctezuma94, que me ha comprado la mayor parte de las cosas que tenía a la venta. ¿Que me preocupa un poco que sea un loco que me haya visto en *Enganchados* y su estrafalaria fantasía sea tener la casa llena de mis cosas? Sí. ¿Que me ha dado para llenar la nevera de pizzas de atún y cerveza hasta que cobre el mes en el periódico? También.

Hoy El Petisuises ha entrado en la redacción tan feliz como si hubiera entrado en una tienda de náuticos y me ha hecho saber que mañana por fin estrenará su flamante grabadora con una entrevista muy importante que le ha encargado El Yogures.

—No te preocupes, Lola —me ha dicho cuando ha visto mi cara inexpresiva—, si te aplicas un poco más, a ti también te encargarán entrevistas pronto.

Lo he tomado como una amenaza y hoy me he aplicado todavía menos. De hecho, parte de la mañana la he dedicado a decirle al finlandés que no sé a cuánto estarán las mesitas de noche en Finlandia, que supongo que caras, porque allí siempre es de noche y le dan mucho uso, pero que el hecho de que aquí tengamos más horas de sol no es razón para que me pague cinco cochinos euros. Al final lo hemos dejado en ocho euros y en unas *karjalanpiirakka*. No sé exactamente qué son, pero me ha parecido entender que es un tipo de comida.

Es ahora cuando, al llegar a casa después de un autobús, un metro ligero, dos transbordos y otros dos autobuses, me asalta la duda de si he hecho bien vendiendo todas mis cosas y dándoles mi dirección a desconocidos y potenciales locos de Wallapop. Una furgoneta con las ventanas tintadas está aparcada delante de mi portal y la imaginación se me dispara, como aquella noche que Trixx y yo nos perdimos por esa zona de Madrid que creímos infestada de vampiros, solo que esta vez pienso que quien me quiere atacar es el finlandés, que me espera con un pasamontañas en el asiento del conductor. «No tendría sentido un pasamontañas, los cristales están tintados», me dice mi parte lógica, que lo que no parece entender es que eso no me tranquiliza en nada. «Las cuatro de la tarde es una hora rara para un secuestro», añade, esta vez más acertada. Aunque ahora que están de moda los secuestros exprés, supongo que da igual la hora que sea. De todas formas, tampoco tendría sentido que el finlandés pretendiera secuestrarme y pedir un rescate, porque ha visto mi

Wallapop y debe de saber que lo máximo que podría sacar por mí es un paquete de chicles.

Instintivamente, cojo lo primero que toco dentro del bolso para usarlo como arma en el caso de que, justo al entrar en el portal, el finlandés me agarre y me meta en la furgoneta. No tendría que haberle dado mi dirección. Ni siquiera sé qué son las *karjalanpiirakka*.

Por supuesto, no ocurre nada, y doy las gracias internamente por no haberle contado mi monserga del secuestro a nadie y así no haber quedado como una lunática. Meto la llave en la cerradura y entonces un claxon suena repetidamente a mi espalda. Con el corazón a mil, observo con el rabillo del ojo que la puerta de la furgoneta se abre de golpe y, como en un acto reflejo, le tiro a mi atacante lo que llevaba agarrado dentro del bolso: un yogur de El Yogures.

—Pero ¿qué haces, loca?

Berta me mira desconcertada con la camiseta llena de yogur, aún con medio cuerpo dentro de la furgoneta.

—¡Creía que eras el finlandés! —chillo, todavía nerviosa.

—¿Qué finlandés?

—¡Uno que me iba a traer unas *karjalanpiirakka*!

—Ah, están buenísimas —dice Berta, ya más tranquila. No sé si de verdad sabe lo que son o si se está tirando el pisto, pero me da igual. Berta está aquí y creo que nota en mi mirada lo mucho que me alegro de verla, porque dice—: Te perdono, dramática.

Le doy un abrazo antes de percatarme de que está cubierta de yogur, cosa que a ella no parece importarle.

—Bueno, al menos ahora puedes cambiarte de ropa. Mira todo lo que te he traído.

Sin darme tiempo a preguntarle, se dirige a la parte de detrás de la furgoneta y la abre. Y ahí está todo: mis jerséis, mis vaqueros, una lámpara, una caja llena de vasos que tuve que poner a la venta cuando asumí que con uno de plástico tenía de sobra y, sobre todo, mi somier. Mi flamante somier que ocupa toda la furgoneta y del que me parece que suena un coro angelical.

Me quedo sin palabras. Me siento como los Goonies cuando encuentran el tesoro de Billy El Tuerto, aunque siempre me haya identificado con la vieja italiana que odia a los niños.

—¿Tú eras Moctezuma94? —acierto a decir con los ojos muy abiertos.

—Me dijo Aida que estabas teniendo que vender cosas, así que te las fui comprando. Se me adelantaron con la Play 4, pero llegué a tiempo del somier. Eso sí, no me cabía en el coche y he tenido que alquilar la furgo, que, por cierto, la pagas tú.

—Eres increíble —es lo único que me sale decir.

Esta mañana no tenía ni la mitad de mis cosas ni a mi mejor amiga y acabo de recuperarlo todo de golpe. De repente me siento con muchísima fuerza.

—Luego lo subimos —le digo a Berta, que ya se disponía a bajarlo todo—. Te invito a un vermut. Qué coño, un vermut, te invito a doce.

—Venga —acepta Berta de inmediato—. Te cojo algo de aquí para cambiarme, que doy asco con tanto yogur.

Como si lo hubiera invocado, suena mi móvil con el mensaje «Llamando Yogures» y temo que esta vez haya ido demasiado lejos con el robo del vigésimo cuarto yogur.

—Lola, necesito que mañana vayas a hacer una entrevista —dice en cuanto descuelgo—. La iba a hacer Alfonso —al principio no caigo, hasta que recuerdo que es el nombre real de El Petisuises, que, en mi opinión, le pega mucho más—, pero tiene que llevar mi yogurtera al taller.

—Vale —digo, ocultando las ganas de pegarme un tiro en el pie ahora que me había acostumbrado a la tranquilidad de ir a la redacción de madrugada y así no interactuar con nadie—. ¿Adónde tengo que ir?

—Estás citada a las nueve en el plató de *Por la night*, el programa ese que veis los jóvenes. Vas a entrevistar a la muchacha esa rubia, a Tris.

—¡¿A Trixx?! —exclamo más fuerte de lo que debería. Veo que Berta, que estaba eligiendo entre una camiseta de los Rolling y una de Caja Rural, se gira para mirarme.

—Sí, lo que sea. La entrevistas y te vuelves a la redacción; la sacaremos pasado mañana.

Por mi cabeza pasan rápidamente fotogramas con diferentes excusas: «tengo oculista», «tengo migraña», «tengo alergia a los platós», pero termino diciendo lo primero que se me ocurre antes de que El Yogures cuelgue:

—¿Por qué tengo que ir yo?

Oigo que El Yogures suspira al otro lado del teléfono, como dando a entender, resignado, que a él tampoco le hace ninguna gracia que la responsabilidad de la entrevista recaiga en mí.

—Eres la única de la redacción que sabe lo que es un tiktok.

DE CUANDO TUVE QUE ENTREVISTAR A TRIXX

Nunca pensé que mi primera vez en el plató de *Por la night* iba a ser a las nueve de la mañana con Paco, el fotógrafo del periódico que se niega a jubilarse, como única compañía.

Estábamos citados a las nueve en punto, aunque yo, para no variar, he llegado quince minutos tarde, alegando un tráfico que no existía, pero no ha importado porque Paco el fotógrafo ha llegado veinte minutos después, alegando que es viejo.

Hace un rato nos han encendido los focos y las pantallas traseras para que las fotos de la entrevista sean en el plató, algo a lo que ha accedido la productora de *Por la night*, encantada de aprovechar la entrevista a Trixx para promocionar el programa.

Por supuesto, ayer me tomé esos doce vermuts con Berta, más por necesidad que por celebrar nuestra reconciliación, y mi recién recuperada mejor amiga —que finalmente optó por la camiseta de Caja Rural— me sugirió inventarme cualquier excusa que decirle a El Yogures nada más despertarme al día siguiente. «Yogures, tengo fiebre» era la que tenía más puntos al final de la tarde, seguida de «He conseguido dos entradas para un Festival de Yogures que se está celebrando ahora mismo en Lavapiés. ¿No prefieres que vaya a cubrirlo y me acompañas?».

Anoche tuve que tomarme dos orfidales para poder dormir y a las tres de la madrugada acabé concluyendo que lo mejor era intentar ser profesional, pedirle perdón a Trixx —esta vez por tirarle encima una tarta de nata de casi dos metros— y terminar la entrevista de la forma más digna posible.

Miro a mi alrededor, escuchando de fondo unas risitas del karma de los cojones, al que debe de parecerle muy divertido que por fin haya conseguido estar en el plató de *Por la night*, pero que sea para entrevistar a una persona que me odia.

Trixx aparece en el plató y, sin decir nada, se sienta en una de las butacas tapizadas que Paco el fotógrafo ha colocado en una posición estratégica para que favorezca el encuadre. Deja un frapuccino en la mesita, se alisa la camiseta y dice:

—Vamos rápido, ¿vale? —No me mira cuando pronuncia su exigencia, que ha sonado seria, pero no tan airada como yo imaginaba.

Esto va a ser muy incómodo.

Aprovecho que Paco el fotógrafo está recogiendo las baterías que se le acaban de caer de la bolsa de la cámara y confronto a Trixx:

—Trixx, siento lo de la tarta. No fue a propósito. Obviamente, si no, no me habría caído yo también —aclaro sin ninguna necesidad. Ella coge su frapuccino, supongo que para no tener que hablar—. Y sigo sintiendo lo del comentario de Instagram. Lo siento de verdad —insisto.

Trixx en lo que insiste es en sorber de su frapuccino, que ya está vacío. Tras un rato jugando con la pajita, vuelve a dejar el vaso en la mesa en completo silencio.

Me reclino en la butaca, menos tensa al haber podido disculparme, pero desesperada con una Trixx que no recordaba tan cabezota. Un ruido a mi espalda me hace saber que a Paco el fotógrafo se le han caído las lentes de la cámara. El plató está en pendiente, así que se alejan rodando mientras Paco, a pequeños pasos, se apura a ir tras ellas.

—Trixx, de verdad, ¿qué más puedo hacer? —me lanzo al saber que cuento con más tiempo antes de que venga Paco y, sobre todo, al ver su expresión. No es la mirada desafiante de la fiesta, sino una perdida y desubicada, una mirada que le vi varias veces el año que vivimos juntas. Creo que mi Trixx, Bea, está por ahí dentro, así que sigo—: Sinceramente, tía, tú tampoco lo hiciste bien. El texto que hiciste en el evento de las cervezas era mío. No debí ponértelo en público. —Y continúo rápido cuando veo que Trixx se gira hacia mí—: Lo sé y lo siento, pero dolió. Dolió ver que lo estabas haciendo tú como si fuera tuyo. Y tú ya tienes tanto… —Le señalo el plató con las manos—. Me siento muy pequeña comparada contigo, Trixx. —Se lo digo a los ojos porque por fin me mira, y mientras lo digo, siento que una losa enorme se me acaba de ir, por fin, del pecho.

Por un momento creo que la conversación se va a quedar aquí, pero Trixx comienza a hablar:

—Después de la fiesta de Nochevieja llamé a los de Estrella Teruel —dice, mirando hacia un lado—. Les pregunté de quién era el texto y me dijeron que era tuyo. No lo sabía.

—Yo tendría que habértelo dicho por privado...

—¿Sabes por qué me dolió tanto el comentario? —me corta, pero no bruscamente. De hecho, la voz le tiembla un poco—. Les envié cuatro versiones de un texto mío. Cuatro. Y no les gustó ninguna. Como no había manera, al final me dieron uno que tenían de otra persona. —Sorbe un poco por la nariz—. El tuyo. Y era graciosísimo y perfecto. —Hace una pausa y se oye de fondo a Paco el fotógrafo maldecir «estos cachivaches modernos»—. Ahí me sentí pequeña yo.

La miro como quien mira un puzle del que se acaba de alejar y consigue ver la imagen completa. Una imagen que muestra a una Trixx, que yo creía vencedora e impasible, siendo frágil e insegura. Pienso en todas las inseguridades con las que he tenido que lidiar la única vez al mes que iba a *Enganchados* y las multiplico por todas las semanas que Trixx ha venido a este plató.

Creo que, en realidad, ni yo estaba tan abajo, ni Trixx tan arriba.

—Pues eres muy grande —le respondo, sincera, pero más distante de lo que me gustaría.

—Tú siempre has escrito mejor —dice, resoplando, pero dejando entrever media sonrisa agradecida por el halago—. Currabas en un periódico y yo no pude ni acabar el máster. Te lo dije cuando viniste al cumple, pensé que te iban a coger en *Por la night* a ti en vez de a mí.

—Ya —contesto, y echo un vistazo al plató—. Pero la que está aquí eres tú —añado, intentando no sonar demasiado triste.

Trixx deja escapar una risa amarga.

—Estoy hoy —replica, y me doy cuenta de que la inestabilidad laboral me va a acompañar el resto de mi vida, por muy arriba que consiga llegar. Trixx, que parece más relajada, me mira como tanteando si contarme algo—. ¿Sabes quién es Satander?

—¿La gótica esa que hace chistes de anchoas? Es buenísima —salto enseguida.

—Pues el otro día pillé a Corrales mirando un vídeo suyo. Creo que la van a llamar.

Veo el miedo de Trixx y veo el mío propio: el miedo de no ser suficiente, el miedo de perder el trabajo, el miedo de que haya otra persona que lo haga mejor que tú. En esta profesión persigues un sueño en bucle: siempre hay alguien que quiere tu puesto, siempre hay alguien cuyo puesto quieres y siempre hay alguien más arriba que, seguramente, también está mirando a otro que está todavía más alto, pero acojonado por si viene uno nuevo por abajo.

—Y, encima, me hacen llevar tres sujetadores.

No puedo evitarlo y estallo en una carcajada que Trixx no entiende pero que intenta seguir con una sonrisa desconcertada.

—A mí solo dos —le explico.

Trixx se deja caer en el respaldo con una sonrisa en su rostro.

—Joder —suelta, divertida.

Las dos nos quedamos en silencio, pensando. Trixx primero fue mi mejor amiga, luego pasó a ser mi amiga, después a conocida, hace poco a enemiga y ahora creo que podemos calificarnos de compañeras. Cuando mi mejor amiga pasó a ser mi rival, alguien a quien tenía que vencer para quedarme con su botín, me dolió más de lo que fui capaz de admitir. Ahora, aún con la herida abierta y temblando por dentro, sé que sigo queriendo el botín, pero, desde luego, no quiero vencerla.

Escucho los pasos de Paco el fotógrafo acercándose al set y suspiro, porque sé que esto es lo más cerca que puedo estar de recuperar la amistad con Trixx. Aunque acabemos en buenos términos, estos últimos años nuestras vidas han tomado caminos demasiado diferentes y, ahora que se han cruzado, han explotado. Ni la Lola de antes le hubiera puesto ese comentario a Trixx ni habría pensado todo lo que ha pensado de Trixx, ni la Trixx de antes me hubiera expuesto y repudiado de esa forma. Las dos éramos mejores personas antes de dedicarnos a esto, pienso, pero no le digo nada porque con la sonrisa, compasiva y sincera, que me muestra desde la otra butaca ya está todo dicho y cerrado. Y no necesito nada más.

La sensación de paz que se ha extendido por mi cuerpo cuando he pulsado el botón de grabación para dar por finalizada la entrevista es algo que no recordaba haber tenido en mucho tiempo. Calmadas las aguas tras nuestra conversación, Trixx ha entrado rápidamente en su papel y ha contestado a todas las preguntas con energía, risas y buen rollo. Al terminar, nos hemos puesto de pie y, tras titubear un poco, nos hemos dado dos besos que han terminado en un pequeño abrazo.

—Que vaya muy bien —me ha dicho con una sonrisa.

Yo le he deseado lo mismo, como quien se lo desea a alguien que se va de viaje y sabe que va a tardar mucho tiempo en volver a ver, pero que, de verdad, espera que le vaya bien.

Paco el fotógrafo, que se ha pasado más tiempo guardando la cámara y las lentes en la bolsa que tomando las fotos, hace rato que ha abandonado el plató porque tenía hora en el urólogo, así que, ahora que Trixx acaba de irse por la puerta que da a los camerinos, no queda nadie mientras recojo mi bolso y me dispongo a salir. Me giro y le echo un último vistazo al decorado de *Por la night*. Que haya hecho las paces con Trixx no significa que las haya hecho con mi frustración profesional.

Suspiro, doy media vuelta para dirigirme a la salida y me choco con alguien. Por supuesto, es Corrales quien me mira desde su altura y su traje gris, que esta vez, por suerte, no he manchado porque no llevaba nada en las manos. Me parece un cierre hasta poético.

—Perdón —salto enseguida. Ya es como un automatismo disculparme con Corrales. Le he dicho más veces «perdón» que «hola»—. Venía a hacer una entrevista, ya me iba.

Ya sea por haberle tirado un cubata en El Periquito o por haberme colado en su casa y haber sido sospechosa de hacer que su hijo se tragara un anillo, siento la imperiosa necesidad de exculparme aunque ahora no haya hecho nada malo.

—No te preocupes —responde, sereno.

Me parece intuir un atisbo de sonrisa, pero antes de comprobarlo y pensar que en realidad está torciendo el morro para luego enseñarme los dientes en modo amenazante, me dirijo hacia la salida.

—Oye, Lola. —Me paro, sorprendida, no tanto porque quiera hablar conmigo, sino porque sepa cómo me llamo. Me preparo para recibir lo que supongo que va a ser una amenaza estilo mafioso italoamericano advirtiéndome de que me matará si vuelve a encontrarme en su casa—. Te quería dar las gracias.

Perdona, ¿qué?

—Perdona, ¿qué? —digo en voz alta sin darme cuenta. Él se acerca con aire apaciguador.

—Por aquella vez que te quedaste con Eric. Estuviste seis horas en Urgencias aunque no era responsabilidad tuya.

Me quedo en blanco. Si había algo que no esperaba era que Corrales tuviera absolutamente nada que agradecerme. Creo que llevo un rato sin articular palabra, así que decido responder un «de nada» breve o cualquier cosa que no nos lleve una vez más al conflicto del anillo.

—No fue nada, de verdad. Estaba preocupada, no sabía si se había tragado el anillo y vete a saber para sacarlo…

«Lola, cállate, por favor», me grita una voz dentro de mi cabeza.

Sin embargo, Corrales sonríe.

—Bueno, fue un detalle. Gracias, igualmente.

Se da la vuelta y se marcha y, con él, las ensoñaciones de que para agradecerme tan generoso gesto va a premiarme con una sección semanal en *Por la night* o con grabar cinco minutos de mi monólogo o con «qué demonios, ofrecerte un programa propio, solo tengo un hijo, hay que celebrar que está vivo». Eso nunca pasa. Bueno, en las películas de sobremesa navideñas de Antena 3 sí, claro, pasa en todas, pero esto no es una película.

—Ah —me dice Corrales alzando la voz para que le oiga desde la distancia. Me da un vuelco el corazón: «Hola, programa propio»—. Tenías razón con lo del mago. No tiene perdón lo de «Eloy... o el mañana».

Entro en una cafetería de las de enfrente de la cadena y me pido un café y un bollo con pepitas de chocolate y le escribo a El Yogures que voy de camino al periódico, pero que hay mucho tráfico y que seguramente tardaré tres o cuatro horas.

Me recuesto en la silla, de repente muy aliviada, y sonrío sin saber muy bien por qué. Le doy un mordisco al bollo de pepitas de chocolate y lo escupo en cuanto noto que no es chocolate, sino pasas.

La gente no aprende nunca.

DE CUANDO PASARON TRES MESES

Hacer de reportera a casi cuarenta grados en el centro de Madrid supongo que puede considerarse periodismo de guerra.

El mes pasado tuve un casting. Se estaba cociendo un programa nuevo y el productor me conocía porque era muy fan de *Enganchados*. No le importó que llevara casi medio año sin aparecer por allí o quizá ni era consciente, solo me dijo por teléfono que le gustó mucho cómo presenté el vídeo del perro que hace skate y que creía que podría encajar en el perfil de «reportera graciosa». A la semana, me llamaron diciendo que el puesto era mío, y por eso hoy estoy aquí, con dos chorretones de sudor recorriéndome la frente después de haber preguntado a señoras de la calle Preciados que qué preferirían, si lavarse los dientes con el cepillo de otra persona o estar un mes sin ducharse.

Acabamos de terminar de grabar y tanto el cámara como el sonidista que me acompañaban ya han recogido sus bártulos y se han marchado de vuelta a la redacción. Yo he quedado para comer con Aida, que va a contarme las novedades del periódico del que me despedí hace tres semanas, justo después de la llamada que me avisaba de que había conseguido el trabajo. Me pareció oír que El Yogures descorchaba una botella de champán.

En estos tres meses he vuelto a tener actuaciones, sobre todo de cajones de mandarinas, pero también en El Periquito Comedy Club, donde la última vez me encontré con Trixx y su nuevo novio, que había ido a verla probar chistes nuevos. Me alegré sinceramente de reencontrarnos y, aunque al principio costó arrancar la conversación — «Parece que han pintado las paredes del baño», «Sí, es verdad, ahora son salmón y antes eran más beige» —, los vermuts nos fueron allanando el camino. Me contó que seguía en *Por la night* y le explicó a Iñaki, su novio, que hace años vivíamos juntas, que fui yo la que la vició al programa de los gemelos de las reformas y que también soy monologuista. «Trixx ya sabe que tengo un poco de reticencia a los monologuistas», me explicó Iñaki como si me importara. «No es nada personal», se apresuró a añadir, «es que en septiembre falleció mi abuelo y se plantó una cómica en el tanatorio para hacer un monólogo. La llamó uno de los amigos de mi padre, pero, joder, si tienes dos dedos de frente no aceptas». Me terminé el vermut de un trago aunque estaba entero y le dije que sí, que menuda vergüenza, que a quién se le ocurriría hacer una cosa así.

«Saliendo. Te llevo un yogur», me escribe Aida.

Sonrío y recuerdo los casi cuatro meses que pasé en el periódico, creyéndome que iba a acabar allí mis días, sin volver a la televisión y teniendo que renunciar a la comedia porque nadie querría venir a mis monólogos por haberle tirado una tarta a Trixx. El puesto de «reportera graciosa» no es el sueño de mi vida, pero no voy a cometer el mismo error que cometí en *Enganchados*: no voy a darlo por hecho, no voy a machacarme pensando que merezco un puesto mejor, aunque sí voy a seguir trabajando por ello, y desde luego no voy a abrir camerinos por sorpresa para encontrarme a alguien metiéndose una raya.

El sol pega fuerte y también lo ha estado haciendo las tres horas que hemos estado grabando por las callejuelas del centro. Estoy sudada, y no solo por el calor, sino porque encima he tenido que correr detrás de una señora que al acabar la entrevista se había ido sin firmar los derechos de imagen, y estoy completamente segura de que con el maquillaje corrido parezco el Ecce Homo de Borja, pero, por primera vez desde hace mucho tiempo, siento que mi vida vuelve a su cauce.

Claro que sigo queriendo estar en *Por la night* y claro que no he cejado en mi empeño de llenar teatros, pienso mientras cruzo Gran Vía para reunirme con Aida, pero sé que es un camino que tengo que andar mirando al frente, no a los lados para compararme con los demás. A Trixx le va bien y me alegro, y desde luego, no voy a dejar que nadie me vuelva hacer sentir pequeña, pienso motivada por primera vez en meses. Ni siquiera ella.

Doblo la esquina para huir del ardiente sol y delante de mí, colgado de un enorme edificio de Gran Vía, se yergue un cartel de treinta metros con una Coca-Cola que sujetan varios influencers; entre ellos, Trixx.

Mierda.

Me suena el móvil. Un mensaje de Berta.

«Ey, qué tal, cómo ha ido el repor».

Cuando bajo la vista para responderle, veo que todavía tengo pegado al pecho el micro de corbata que me habían colocado para la grabación. Me río sola en mitad de la calle, con una Trixx de treinta metros mirándome desde arriba.

«Fatal, gracias».

AGRADECIMIENTOS

Gracias a los que estéis leyendo estos agradecimientos. Yo nunca me he leído los agradecimientos de un libro, pero me hacía ilusión escribirlos. Es como lo de los audios de Whats-App, no oigo ninguno, pero luego yo envío audios de tres minutos. En fin, soy una persona horrible.

Gracias a Penguin Random House por confiar en mí a ciegas porque les habría podido salir fatal, y en especial a David, por ser el mejor editor que podía tener (uno que esté loco y que se pase dos horas reflexionando sobre si hemos elegido bien el color de una tarta que sale en medio capítulo).

Gracias también a Cristóbal porque de tantas veces que le hice cambiar la portada casi inventa un color nuevo.

Gracias a Iñaki porque le pedí como catorce veces que se leyera el manuscrito y se lo leyó las catorce.

Gracias a las Anas, Sonia, Marisa, Alfon y Mar por dejarme sus nombres para unos personajes que muy bien de la cabeza tampoco están. Gracias a Hermes por no enfadarse por no usar el suyo.

Y sobre todo, gracias a mis gatas por no pisar el teclado mientras escribía este libro, me parece un detallazniufsuyt76r 78w9twfhudni.

ÍNDICE

De cuando actué en un tanatorio 9

De cuando mi amiga «okupó» una casa 19

De cuando llegué tarde al programa 25

De cuando mi mejor amiga se hizo influencer 39

De cuando fue el cumpleaños de Trixx 43

De cuando tenía un trabajo normal 55

De cuando Trixx lo petó y yo lo llevé regular 65

De cuando me subí al Dragon Khan 77

De cuando no fue un cajón de mandarinas 85

De cuando me daba pánico llamar por teléfono 97

De cuando Berta cuidó a un niño 107

De cuando todo salió aún peor que de costumbre ... 121

De cuando hice algo horrible 137

De cuando a Trixx le rompieron el corazón 153

De cuando entré en el camerino 159

De cuando fingí que todo iba bien 169

De cuando se acabó el año 179

De cuando a Berta le rompieron el corazón 195

De cuando toqué fondo 201

De cuando toqué fondo (ahora sí que sí) 207

De cuando me rompieron el corazón 217

De cuando recuperé el somier 223

De cuando tuve que entrevistar a Trixx 229

De cuando pasaron tres meses 239

AGRADECIMIENTOS 243